史料纂集

経覺私要鈔　第二

凡例

一、史料纂集は、史學・文學をはじめ日本文化研究上必須のものでありながら、今日まで未刊に屬するところの古記錄・古文書の類を中核とし、更に既刊の重要史料中、現段階において全面的改訂が學術的見地より要請されるものをこれに加へ、集成公刊するものである。

一、本書は興福寺別當・大乘院第十八世門跡經覺（應永二〈一三九五〉年生、文明五〈一四七三〉年寂）の日記であり、原本は內閣文庫に藏されてゐる。

一、本書は「後五大院殿記」・「安位寺殿御自記」とも呼ばれるが、今はその名によつて經覺私要鈔の稱を用ゐた。

一、本冊は、經覺私要鈔第二として、文安六年より寶德三年までの日次記、及び文安二年より同六年までの抄記を收める。

一、本書の飜刻に當つては、つとめて原本の體裁・用字を尊重したが、便宜原形を改めた部分もある。その校訂上の體例は、第一冊に揭げたところと同じである。

一、本書の公刊に當つて、內閣文庫は種々格別の便宜を與へられた。特記して深甚の謝意を表する。

凡例

一、本書の校訂には、高橋隆三・小泉宜右の兩氏が專らその事にあたられた。銘記して深謝の意を表する。

昭和四十八年一月

續群書類從完成會

目次

經覺私要鈔　第二

（表紙題簽）
「安位寺殿御自記　二十」

（表紙、別筆）
「要　鈔　春分也
文安六季〔年〕己巳正月朔日
御判」

（原表紙、自筆）
要　鈔　春分也
文安六季己巳正月朔日
經（花押）
（原寸縦二六・〇糎、横一七・三糎）

當年吉凶事

（1オ）
一自四月十日々地震爲之、至五月十三日先不日退者也、其後猶連々至十月了、
一四月十六日室町殿（足利義成）元服、十六歳武家元服之儀云々、加冠管領武藏守勝元（細川）、利〔理〕髪（×剃）、
一四月廿四（日脱カ）大内（教弘）上洛、貳百餘騎云々、
一五月四日星入月中了、星ハ南月ハ北也、然者自南キタヱ入歟、猶希代云々、
一五月四日九条前關白滿｜家薨御了、
（一）□嵯峨尺迦顚倒、地震時事也云々、然者四月十二日事歟、」
（1ウ）
一管領事畠山左衞門督入道徳本（持國）八月被仰付云々、其日可尋之、
一將軍義成《シゲ》宰相昇進事、同十月廿八日參内初事、
一細川讃州（持常）十二月十六日歟頓死事、」

文安六年己巳正月小

（２オ）

朔日、癸未、天晴、寒嵐雷鳴欤云々、

千德万福幸甚〱、四方拜・日所作等如例、

四方拜

講問始

一講問始在之、講師予、問者堯弘・英圓出仕畢、檀紙二束・扇一本出□〔捧カ〕物了、

勤行

一懃行事、荒神呪・普賢延命呪・不動合行呪各千反唱之、又金剛經一卷・五重門五卷讀之、

千卷理趣分始行

又千卷理趣分始之、」

（２ウ）

少御料

一小御析如例、手長龍守、當色、役送覺朝、對馬、

迎福寺々僧圓鏡等を進む

一當寺〔迎福寺〕坊主円鏡一面・一瓶・茶子等持來了、令祝着者也、檀紙一束・扇一本遣之、

古市胤仙等經覺に賀禮す

一古市胤仙來、對面能獻〔與〕盃、絹一卷・杉原十帖遣之、子息小法師丸同來、茶垸吳器染付・杉原十帖遣之、又一族十五人於南四間有盃酌、杉原二帖・扇一本つゝ各」遣之、胤仙執事鹿野薗扇一本遣了、

（３オ）

一良識〔琳專〕・英円・堯弘・宜胤〔發心院、古市〕來、各杉原二帖・扇一本つゝ遣之、

齒固

一未刻齒固進之、予、少衣、兒、當色、役送覺朝、少衣、白散寺醫願專〔了乘〕大進之、次節供進之、御後

御後見成就院清祐節供を調進す
次節供

見清祐（成就院）法眼調進之、不相替例年者也、次御膳如例、湯菓子進之、次節供如形在之、」

（3ウ）
一金正丸円鏡一面持參之、

一緣舜兵部卿寺主、榼一・円鏡等進之、仰祝着之由了、

古市胤憲

一自吉岡（古市胤憲）一面・一瓶進之、使ニ扇・厚紙一帖遣之、

古市迎福寺に於て越年す

一當年於古市迎福寺越年者也、

一舜信（懷全）法師來、墨二廷（挺）給之、扇一本遣了、

千座講問

一自今日千座講問可修之由、仰付泰承得業了、」

（4オ）
二日、甲申、霽、

少御料

小御斫如例、

勤行

一懃行如昨日、

齒固

一齒固、手長龍守、役送覺朝、小膳等如常、湯菓子進之、昨日湯菓子今日出之了、

古市胤仙同胤俊

一胤仙（古市）・胤俊（古市）來、上下以下着改之、

一舜專（良鎮）來、扇一本遣了、

千秋萬歲

一千秋万歳來、円鏡一・扇遣了、」

（4ウ）
三日、乙酉、霽、夜雷鳴云々、

少御料
勤行
歯固
節供
節分
春日社に三十講を修せしむ
御間水屋金剛童子以下廻を沙汰す
水屋に鈎十三連を進む
御後見成就院清祐呉器を調進す
神馬色代を春日社に進む
結桶師

少御料如常、
一懃行三ヶ日同前、
一歯固并節供如例、鶴子進之、次小膳・湯菓子、次節供在之、
一節分也、懃行事、荒神呪・藥師呪・不動合行呪・普賢延命呪各千反唱之、理趣分・金剛經」（5オ）各一卷信（眞）讀之、心經十三卷依潤月也、又千卷讀之、
一於春日社卅講可修之由、仰泰承得業了、少用途遣之、
一御間百度、水屋千度、金剛童子千度、其外中小社廻事、仰付神人沙汰了、用途少ゝ遣之、
一水屋へ鈎十三連進之、今一連依潤月也、
一妙覺心地祭文讀之、」（5ウ）
四日、丙戌（戌）、
自今朝呉器也、自御後見（成就院清祐）調進之、於懸盤者塗師舊冬參テ塗直了、平盤朱壁（塗カ）之間、御後見沙汰進了、菜十種・汁二如例、着衣祝着了、
一進神馬了、色代也、付祐識（辰市）了、
一結桶師三人召之、榼仰付了、七荷給之、半食下行云ゝ、
五日、丁亥、

辰市祐識神供を進む

円鏡一面・油物一束、祐識進之、神供云〻、仍祝着了、

（6オ）

一泰祐法橋（淨南院）付衣・柏、來、檀紙一束・扇遣了、榼一双・円鏡・白壁持參云〻、

一榼一荷・円鏡一・勝栗一褁隆舜權上座給之、仰祝着之由了、使ニ檀紙二帖一連、一帖・扇遣了、

一善性（成舜）來、扇遣了、

經覺春日社に參る

一參春日社了、戌刻予少衣・ケサ、播州（古市胤仙）一族少〻召具之、

六日、戊子、

初湯

初湯也、湯井那（維）ニ鏡一面遣了、予以下入了、

一自已心寺円鏡・茶給之、悦遣了、

（6ウ）

一中務賢秀來、扇一本遣了、

一明日爲少節用意、善性・宗信（懷弘）召寄了、

成身院光宣常善院尊覺の母の葬禮

一光宣（成身院）律師・尊覺（常善院）已講以下母儀、去二日令逝去、今日葬礼爲之、勢以下濟〻召上云〻、令怖畏當方之儀欤、

巫女

一鏡進御師之巫女了、付春日社了、

一湯帷・髮剃布、清祐法眼進之、

千巻理趣分結願

少御料

若菜御料

修學者等を招き少節を爲す

松岡信安

味間某有野某と爭ひ之を斬殺す

十市遠清味間を切腹せしむ

惡夢を見るにより仁王經を眞讀せしむ

香

本願寺圓兼に榼を贈る

（7オ）

一千巻理趣分結願了、所願成就無疑者也、」

七日、己丑、

少御析如例、

一若菜御析如例、湯菓子御後見進之、

一午下刻、修學者八人・胤仙父子・當坊（迎福寺）ゝ主以下十余人招請之、少節爲之、八獻目ニ面ゝ
退出了、沈醉之故歟、

一立野松岡（信安）榼幷円鏡進之、執進之由仰了、

（7ウ）

一十市一族味間与森屋之有野、此間有所論之子細歟、而昨日十市内祭也、歸路之」時、先味
間出テ有野ヲ待受切合、有野方卽躰・若黨一人・中間一人被打了、味間方中間一人被切
殺、卽躰負重手我館ニ引籠之處、十市遠清押寄、味間ニハ切腹了、以外事歟、

一依見惡夢、仁王經一部於宮宝前可信（眞）讀由、仰付弥勒堂聖円藏了、是ニテ少呪共幷妙覺心
地祭文等讀之了、

一賢尊・清憲（興善院）已下如去年遣引出、使吉阿、析足百疋能（與）之云ゝ、」

（8オ）

一自御洗帶（院カ）一筋・香二貝給之、依爲一獻寂中、不返事者也、

一遣榼等於大谷（本願寺圓兼）了、

八日、庚寅、霽、
藥師呪千反唱之、

一萬卷心經發願

一一万卷心經發願、予沙汰了、則千百卷讀之、
一仁王經十座仰付円藏讀之了、

心經結願
心經衆に日中飯を沙汰す

一心經酉刻結願了、日中飯少々仰付了、心經衆計也、

星來下日

一星來下日也、懃行等沙汰之、」

（8ウ）

九日、辛卯、
自室生柿一連・卷數給之、
十日、壬戌〔辰〕、天曇、

（9オ）

菩提山衆分米

菩提山報恩院筒一・柿二連・円鏡一給之、喜遣了、令利口燒物貝一」遣了、
一菩提山年預兩人來、衆分米事歎申間、不可叶之由仰了、榼一双・柿等持來、仍能〔與〕酒盃了、
覺朝申次之、
一繼舜來、榼一双・円鏡等持來了、

九條滿家等に榼以下を進む

一榼一双・柿九条殿〔滿家〕、柿鏡一廊御方〔九條滿家母〕、柿・鏡一条局〔九條滿家妾〕、今日上進了、」

（9ウ）

莖立

一良識莖立一折進之、

十一日、癸巳、雪下、

經覺夢想により春日若宮社に御服を調進す

一去年正月六日若宮殿御服可調進之由見夢了、而菟角無沙汰、或忘却、而當年見記録之時思出了、仍今朝沙汰進畢、付祐識進之、依相當吉曜也、祐識返答云、夢想次第所願成就之先相也、三獻宝前可抽懇祈之由申」者也、

（10オ）

旬講問

一旬講問・金剛經等如例、

安位寺より榼以下を進む

一自安位寺榼一双・麵十把・混〔昆〕布等給之、近日路次不快之處、懇志之所致歟、殊神妙之由可仰遣者也、仍杉原十帖・墨一廷〔挺〕遣了、使ニ扇一本遣之、」

（10ウ）

十二日、甲午、天曇、

泰經僧都榼一・蜜甘〔柑〕一籠給之、仰悅之由了、

倶志羅俊經榼を進む

一倶志羅俊經・中坪來、榼一双等給之、仍杉原十帖・火箸一前、中坪帶・扇遣了、

慈仙

一泰承得業來、榼一・慈仙・麥二結・柿持來了、同祐盛來、榼一荷・白壁一合・柿・糈足貳百疋・帶五筋持來、三獻在之、後又有少飯、及昏退出了、各」雜紙一束・墨五廷〔挺〕・油煙一廷〔挺〕遣了、

（11オ）

一芔弘得業以狀申祝言次、折一合・榼代貳百疋給之、殊祝着之由仰遣了、

經覺寺門連歌の夢を見る

一今曉見夢、於寺門〔興福寺〕連哥、長予爲之、仍自新坊料足十余貫可支配樣ニ見之、其外用途少々

人〻給之由見了、祝着無極者也、此長者若長官事歟、如何、」（11ウ）

十三日、乙未、霽、

小泉重榮と合戰の事を談ず

小泉重榮來、榼一双・兩種進之、如例年一屯・十帖遣了、令對面合戰事条〻談合了、

一在風呂、入了、

越智方合戰治定

一嶋田入道來、越智（家榮）方事可有合戰趣治定云〻、可然〱、

一縁舜來、有少盃、」（12オ）

十四日、丙申、霽、

春日田植

春日田植也、

興福寺心經會

一興福寺心經會云〻、

一室生返事遣了、檀紙十帖・扇遣了、又彼喝食ニ扇一本上遣了、

菩提山夏米沙汰人を召し衆分米の事を申付く

一苵山夏米沙汰人召之、衆分米事年預堅歎申之条存外無極、所詮爲禪衆沙汰人令披露禪衆、可注進歟之由仰了、就中」（12ウ）只今不加其衆躰者、永代交衆事堅可支仰、其分可存知之由仰含了、奉行覺朝也、以參仕之次榼一双・柿等進上由申之云〻、神妙之由仰了、

一榼一双・円鏡一・白壁清祐法眼進之、仰悅之由了、使ニ一連遣了、

禪光院守能來る

一守能禪光院法印來、

吉井信俊立野信衡古市胤仙と問答す
新田
粥
經覺地藏堂に於て左義長を見る
元興寺領人夫に榼上進を命ず
繪師吐田重有星來下日を問ふ
元興寺郷上進の榼以下を城衆押取る
郷民をして辨沙汰せしむ

（13オ）
檀紙・扇、矢根二遣了、
一立野吉井（信俊）來、信衡（立野）同來、立野邊事申之、」以播州重々問答了、仍書出新田之由、遣状於松
林了、
十五日、丁酉、今曉少雪見庭、
粥如例、予着衣祝着之、播州粥一器・久喜進之、仰悦之由了、
一於地藏堂サキウチヤウ見之、予輿也、兒當色以下ニテ面々來了、播州父子共（供カ）奉者、事了
有少盃、當年サキウチヤウ一本在之、
一元興寺領人夫共召之、榼共可上之由仰付畢、
（13ウ）
一繪師筑前房（吐田重有）當年星進之間、今日爲來下」日欤之由申之、自隆舜方進之、如友幸（幸德井）說者、八日
來下日也、仍懃行等其日沙汰了、然而仰神妙之由了、
一木阿爲上京都、今夜向名良（奈）、藤若同向爲宰領也、
十六日、戊戌（戌）、霽、少雪下、
（14オ）
召元興寺領人夫、榼以下上之處、東寺林・西寺林・南室分榼五荷・柿・白壁等城衆出取
之云々、然而自初懸郷內之由仰命之間、可弁沙汰旨加下知了、郷民等令參種々歎申、然而
不許容者也、
一玄兼來、榼一双・白壁・混（昆）布等持來了、有少盃、

（14ウ）
一教観法師來、榼一・肴以下進之、仰神妙之由了、

泰祐契約分用途を進む

一泰祐用途三百疋進之、契約分事歟、
一梅賀・順慶來、やかて退出了、
一理趣分十六巻・普賢延命呪千反・不動合行呪千反唱之、」

（15オ）
十七日、己亥、

博奕により小者を追出す

小者知了追出了、依博奕也、
十八日、庚子、

鹿野苑に雪見

自夜深雪下、及七八寸了、仍出鹿野苑山見所々雪了、予輿、龍守乘馬、

長谷寺法樂

一観音經六巻讀之、法樂長谷寺了、但依用事」（15ウ）五巻誂吉阿了、予一巻讀之、遣少布施畢、并少呪等讀之、

大乘院孝尋月忌

一後已心寺（大乘院孝尋）御房月忌也、懃行如形修之、

紅糟を賞翫す

一自雪見歸之後、紅糟用意、上下令賞翫了、是胤仙沙汰也、一興〳〵、」

（16オ）
十九日、辛丑、

龍守丸を使として尋尊に年始賀禮す

龍守爲社參向奈良、以次參門跡（大乘院尋尊）可申年始礼節之由仰含了、
廿日、壬寅、

松林院貞兼物を經覺に贈る

筒一・江州納豆卅・栂尾久喜・茶十袋貞兼(松林院)僧正賜之、仰悦之由了、

一鏡一面・少豆等出之、面々賞翫了、

（16ウ）

風邪に罹る

一有湯、入了、

一醫師源春來了、有風病氣云々、

廿一日、癸卯、

旬講問

旬講問・金剛經等如例、

九條經教月忌

一故大閤(九條經教)月忌也、懃行如形修之、靈供備進之、

春草汁を賞翫す

一春草汁賞翫之、禪光院・當坊上人(久光)・胤仙以下也、

一源春藥合給了、

（17オ）

廿二日、甲辰、

如意輪呪千反唱之、

坪江郷政所補任の請文に守護方の者と契約せざる旨の一條を載せしむ

一坪江(越前坂井郡)政所事可補任之由、自納所(懐實)申之旨、自泰祐法橋申給了、返答云、補任事目出候、就其守護方者不可有契約之儀之由、一ヶ条被請文者可然欤旨仰遣了、

（17ウ）

白毫寺卷數を進む

一自白毫寺卷數一枝賜之、使者寂靜院也、仍對面了、

豊田賴英古市胤仙會合す

一豊田(賴英)与古市會合云々、

龍守丸奈良より歸る
越智家榮に物を與ふ
經覺古市城に赴く
天滿法樂
禪光院守能退出す
古市城に連歌あり
經覺亡母正林正忌

廿三日、乙巳、
龍守歸來了、
一木阿下向了、
一帶五筋・杉原十帖遣越智方了、嶋田事付了、
廿四日、丙午、
向古市城、龍守・禪光院法印・修學者以下濟〻、有湯、終日之活計也、酉下刻歸迎福寺了、後大刀・莚十枚・杉原進之、仰祝着之由了、又龍守杉原・帶、禪光院」杉原・扇遣云〻、(18オ)
廿五日、丁未、
天滿法樂心經已下如例、融通念仏千二百反・文殊呪千反唱之、
一吉阿上京了、
一禪光院退出了、
廿六日、戊申、
於古市城在連哥云〻、(18ウ)
一故禪尼（正林）之正忌也、當坊衆文殊房（大乘院孝圓）招請之、能（與）小時（齋）了、又僧一人召之、法花一部讀了、一連遣之、予又四要品讀之、又故御房ノ爲壽量品讀之、

廿八日、庚戊〔戌〕、
荒神呪・聖天呪・不動呪各千反唱之、
廿九日、辛亥、

興發心院清寛榼以下を進む

（興發心院）清寛榼一双・甘〔柑〕子一籠・白壁一合給之、悦遣了、

（19オ）

一有風呂、入了、

菩提山年預衆分米を請申す

一卉山衆分米事、年預參（×請）十人分請申畢、可注進交名之由、加下知了、

二月朔日小

（19ウ）

朔日、壬（×甲）子、
千德万福幸甚〱、

旬講問

一旬講問二座・金剛經等如例、
一普賢延命呪千反・不動合行呪千反唱之、
一千巻心經讀之、

古市胤仙酒肴を進む

一古市播州（胤仙）一瓶・蜜甘〔柑〕一鉢給之、

一餅賞翫了、

（20オ）

二日、癸丑、

深雪降る

深雪下、三四寸積了、自夜降欤、

三日、甲寅、

功徳湯

在風呂、功徳湯欤、

連歌あり

一在連哥、當坊(迎福寺)上人(久光)頭也、三折時分喜阿來了、

五日、丙辰、

薪猿樂

薪猿樂スシ走在之云々、

（20ウ）

六日、丁巳、

千句あり
三百韻

自今朝辰初點千句在之、今日三百韻可在之、開白予、

世々おほへ梅か香とりの神の袖

吹よわる風ハ柳を初かな　龍守丸

春の日のなかるゝ雪の早瀬哉　胤仙

（21オ）

連衆十七人

於世俗予一円沙汰了、飯兩度粥、又一獻在之、連衆十七人在之、

七日、戊午、

四百韻　今日四百韻在之、世俗事當坊上人沙汰之、亥刻事終了、（21ウ）

八日、己未、

三百韻　今日三百韻在之、世俗古市播州沙汰之、濟〻煩也、申刻事終了、其後有風呂、予入了、

一藥師呪千反唱之、

星來下日　一爲星來下日之間、當年星呪三百反・理趣分三卷・普賢延命呪三百反唱之、

九日、庚申、

蔥白　自今朝服蔥白、

十日、辛酉、

在風呂、入了、

十一日、壬戌《〔戌〕》、（22オ）

旬講問　旬講問二座・金剛經等如例、雖服蔥白、朝程令行水、懃行共沙汰了、

十二日、癸亥、

合戰の談合　南北合戰事重〻談合、大都治定欤、可然〳〵、（22ウ）

十三日、甲子、

三寶院滿濟忌日　故三宝院准后《（滿濟）》忌日也、懃行如形修之、

菩提山衆分米

一𦬇山年預來、衆分米事重〻問答、肝要可止路之由仰含了、

十四日、乙丑、

上人於京都了、」

(23オ)

十五日、丙寅、

舍利禮

爲奉報尺尊之恩德講問一座修之、又舍利礼十五反唱之、

十六日、丁卯、

古市胤仙奈良を攻む
經覺岩井川にて見物
良識房琳專勝順房英圓討死

卯刻播州來、爲寄奈良也、先願書頂戴之、其後出陣了、巳刻予出岩井川見物之了、手負共少〻引歸了、酉刻欲引處、自城打出、東手ニテ良識房琳專・勝順房英円」於松谷岩井邊被打了、敵方一人打取云〻、播州既及難義之處、返合之間、敵方聊及猶豫之刻引退、又追懸之時、若黨返合追手一人打取了、西手ニハ中務胤俊《(古市)》大將而敵方追懸之間、出合合戰爲之、爰敵方被追立之間、兩人被打了、仍令深入中務被打了、言語道斷之次第也、其外此召仕上野房《(祐光)》被打了、不便無極者也、惣而今日當方被打者、中務・方衆兩人・」与七番条若黨、・与七播州若黨、・良円下人一人・上野房、合七人被打了、於手負者數十人在之、敵方ニハ三鹿谷次郎・成身《(光宣)》若黨・中院若黨、其外三人、合六人被打了、

(23ウ)

(24オ)

古市胤俊討死

古市方戰死者

筒井方戰死者

越智家榮十市遠清を攻め散鄕十二鄕を燒く

一越智《(家榮)》寄十市《(遠清)》、散鄕十二鄕燒拂了、十市若黨二人、地下者三四十人計幷岸田彥六被打了、

經覺諸方の勢を召集し敵方來襲に備ふ

（24ウ）

寄手ニハ越智代官小谷与四郎幷若黨四人、鳥屋若黨四人、吐田豊田侍七人・矢」負三人、都合十八人、布施衆竹本大木若黨一人・侍分三人、其外地下者數輩云々、未分明者也、所詮種々浮說千万之間、難一定、負戰之間、敵方定可寄來歟由自方々告示、仍諸方語遣云々、

馬場夜番を結番せしむ

一馬場夜番事、可被仰付之由、自播州方申間、今日不逢合戰內者共可結番之由仰含了、

北口番

一北口番事、（興善院清憲）願勝沙汰云々、」

（25オ）

戊亥信豊

一立野勢戊（戌）亥〇信豊等甲三給之、

十七日、戊辰、

古市胤俊の葬禮

今日中務葬礼爲之云々、良識者白毫寺取之、勝順者山內へ取之、上野事取遣處、舍兄糟田部堀敵方者也、取之隱恥云々、可然歟、

所々の勢集る

一自所々勢共入了、明日明後日之間可寄來之由敵方有增云々、

越智家榮十市新賀等を燒く

一南事者越智猶合戰爲之、今日昨日燒殘共新賀已下燒拂云々、」

（25ウ）

十八日、己巳、

大乘院孝尋月忌

（大乘院孝尋）後已心寺御房月忌也、懃行如形修之、又觀音經六卷・少呪等讀誦之、法樂長谷寺了、

一自所々勢共入了、及三四百云々、縱雖寄來、於于今者心安者也、

奈良へ矢入をなす

一ならへ矢入爲之、播州出了、

十九日、庚午、

先日合戰之儀以外之由、自所〻申賜了、

大乘院實尊正忌

一後井山（大乘院實尊）之正忌也、如形懃行了、

一諸勢群集、風呂立之、播州翫之云〻、

安位寺淨土院等古市胤俊の死を訪ふ

（26オ）

一安位寺淨土院・倶志良（俊經）以下來、中務事以外之由懇訪之畢、

廿日、辛未、雨、

今日湯無之、

一小泉（重榮）來、南合戰事委細演說了、

廿一日壬申、

句講問

句講問・金剛經等如例、

九條經教忌日

一故報恩院（後脫）（九條經教）忌日也、懃行如形爲之、靈供備進之、

楠葉西忍

一立野勢給暇了、楠葉（西忍）同申暇了、

（26ウ）

廿二日、癸酉、

太子法樂

如意輪呪千反唱之、法樂太子了、

知足坊實耀寂す

一知足坊実耀法印昨日逝去、今日葬礼云〻、當代秀逸也、可惜者歟、

連歌
足利義教忌日
時正に入る
大乗院孝圓及び經覺亡母正林忌日
服荘樂頭相論
功德風呂

廿三日、甲戌（戌）、
与三榼一・肴等持來了、
一淨土院罷下之由申之間、扇一本・杉原十帖遣了、
一連哥三〓數播州之間、杉原十帖遣之、
廿四日、乙亥、
地藏懃行如例、又普廣院（足利義教）忌日也、懃行如形修之、
（27オ）
廿五日、丙子、
文殊呪千反唱之、又心經二十五卷讀之、融通念仏千二百反唱之、
一自去廿三日入時正、恆例念仏依物忩忘却、自今日唱念□（佛カ）、
（27ウ）
廿六日、丁丑、
故御房（大乘院孝圓）幷禪尼（正林）忌日也、懃行如形修之、
一楞藏主來、〇コノ一項、廿五日條ニ書シ、墨線ヲ以テ廿六日條ニ入ルベキコトヲ示ス、
一周防守葛興（狛）榼一・肴進之、服庄（山邊郡）樂頭相論事也、難下知之由返答了、実意僧正（法雲院）申給了、
廿七日、戊寅、
功德風呂在之、

鷲茸

一鷲茸賞翫之、

廿八日、己卯、

詮英律師榼一・甘子(柑、下同ジ)一籠・餅一籠給之、悦遣了、

服荘樂頭相論につき狛豐葛用途を進む

一豐後將監豐葛(狛)進用途百疋、度々雖返遣、如何様可進之由申之間、召置了、樂(又人)頭相論事也、

(28オ)

一荒神呪千反・聖天呪千反・不動呪千反唱之、

山村胤慶に菩提山路の閉止を命ず

一召山村下司(胤慶)、自來三日可止菩山道之由仰付了、仍立札了、

高田荘百姓榼以下を進む

一高田庄(添下郡)百性榼一荷・甘子一籠・白壁一合進之云々、○コノ一項、前項ノ下ニ書ス、

廿九日、庚辰、

魔界廻向理趣分一巻讀之、

彼岸中百萬反念佛結願

一彼岸中百万反念仏、今日結願了、數年精懃豈空哉、深所憑也、

立野信貞

一立野(信貞)榼一荷・甘子一籠給之、仰神妙之由了、

一在湯、入了、

(28ウ)

三月大

旬講問

鹿野苑方菩提山通路尋尊服莊樂人相論及び山村佐那田のことにつき申入る

御後見成就院清祐節供を備進す

朔日、辛巳、
千徳万福幸甚〳〵、
一旬講問二座・金剛經一巻讀之、
一普賢延命呪千反・不動合行呪千反唱之、
一千巻心經讀之了、
一餅祝着之、
一古市播州（胤仙）一瓶・一鉢勝栗進之、仰祝着之由了、
（29オ）
二日、壬午、
鹿野苑方菩提山通路事、仰付吉田伊豆（通祐）了、
一以舜信（懐全）法師、自門跡（大乗院尋尊）服庄樂人相論事幷山村佐那田事有被申子細、仍仰付下司（山村胤慶）令糺明之處、
地下無沙汰之由申云々、尤不審事也、先其分返答了、如何様有子細歟、
一甘子（柑）三百自小泉（重榮）召寄了、代物未申之、尋遣了、
三日、癸未、雨、
古市一瓶・赤飯一鉢・草餅一鉢給之、悦遣了、
（29ウ）
一自南都《御後見》節供進之、如例、予着藝（褻）衣祝着了、手長龍守、當色、役送覺朝、對馬、

傳馬

服荘樂人相論

山村胤慶同尊藤をして菩提山路を閉止せしむ

檜木峠に森田帯刀松岡堯阿等を遣し出入の輩を留む

菩提山禪衆等矢を射懸く

菩提山路に人を遣し閉止せしむ

菩提山中尾重禪蓮花院慶忍衆分米進納を約し路の開通を歎訴す

經覺開路を命ず

一自長谷寺中坊大豆壹果(荷カ)給之、傳馬事仰執行了、去年所預置之大豆也、扇一本遣中坊了、
一樂人相論事、門跡返答之趣相尋之間、仰遣法雲院(實意)了、
一自今日荓山路止之、仰付山村父子(胤慶・尊藤)、仍高井道事以私語申遣云々、」(30オ)
・四(×五)日、甲申、
荓山路
檜木タウケノ事、自是森田帯刀・松岡入道堯阿以下五六人出遣之、出入ノ輩ヲ可留之由仰付了、爰遣椿尾左衞門次郎自荓山禪衆等射懸矢了云々、以外之次第也、仍夜番等ヲ仰付、嚴密道ヲ可留之由仰付了、
五日、乙酉、以外大風也、
荓山路事、今日モ自是兩三人松童以下出遣畢、矢池方東事、仰付八峯山者共、可止之」(30ウ)由加下知了、
六日、丙戊(戌)、
荓山
中尾重禪・蓮花院慶忍兩人來、山門(菩提山)曾不現不儀、衆分米事、自來八日可積立上者、路事被開者可畏入之由歎申間、山門之儀重々緩怠之至也、就中一昨日射懸矢者在之、於其躰者、殊可行嚴科、旁難落居旨仰付之處、至不儀者者御沙汰更不可申子細、先衆分米事ハ」(31オ)隨仰上者、被開路者可畏入之由申之間、兩人立請人、自今日可開路旨仰付了、

功德湯

七日、丁亥、

有功德湯、入了、

八日、戊子、

星來下日

藥師呪千反唱之、又星來下日也、理趣分三巻・普賢延命呪三百反・當年星呪三百反唱之、」

菩提山衆分米を納所に積立てしむ

衆分人數不足により七﨟八﨟迄召加ふ

(31ウ)

一𦬇山兩人來、(中尾重禪・蓮花院慶忍)榼一荷・柿等進之、衆分中より進上云々、奉行明教(實盛)ニ析足百疋遣之云々、隨而衆分米事自今日可積立納所事、可被加御下知之由申之間、寂法房(重俊)四人・中藏先年預三人・夏米方三人、已上十人分仰付了、衆分之人數不足之間、七﨟法師・八﨟法師まて召加云々、

九日、己丑、

有功德湯、入了、」

湯治始

(32オ)

一自今日爲湯治、召十座法師原、柴事令沙汰了、切𦬇山々了、

蓮花院慶忍と夏米方沙汰人禮に參る

一蓮花院(𦬇山)來、夏米方被開路条畏入云々、仍沙汰人參申、榼一荷・柿等進之、又中藏事被仰付先年預之条眉目至候とて榼一荷・肴等進之、兩人出盃、遣扇一本了、三人分合三本也、畏申者也、但於年預者不參、其故ハ、蓮花院カタハキニテ申立物向上者、非年預可申御

年預は參らず

(32ウ)

礼之儀之由申間不參云々、以外之狼藉也、」追可行其科者也、

十日、庚寅、

大乘院尋尊成就院清祐青侍の事に就き申す

舜信法師來、自門跡有被申子細、清祐(成就院)青侍男式部間事也、

一有湯、入了、

十一日、辛卯、

旬講問

旬講問如例、

内山院主實濟古市城に護摩を焼く

(33オ)

一自今日内山院主(上乘院)実濟僧都於古市城燒」護摩云々、其由申給了、明日可來之由仰返答了、

一梅賀來、幷同弟(春福丸)來、重宝一鉢持來了、

十二日、壬辰、

水湯

自今日湯治爲之、先水湯也、

一実濟僧都來、有小盃、

一梅賀弟虫腹所労指出之間、散々式也、仍遣名良(奈)了、

十三日、癸巳、

薬湯

自今日薬湯也、」

(33ウ)

十四日、甲午、

五大院重弘寂す

大乘院門徒の舊老

寺門一﨟五大院重弘法印円觀房、八十六歳、逝去之由善性(成舜)申給了、大乘院門徒之舊老也、殊可惜者歟、

取分此邊へ奉公者也、殊催哀傷畢、

經覺腫物を患ふ

（34オ）

十五日、乙未、

恆例念仏如例、

十六日、丙申、

モ、ノ上ニ物腫出了、依湯治脚氣指出欤之由覺者也、

十七日、丁酉、

令招請《実濟》能〔與〕一獻了、

一腫物猶腫上了、但無痛者也、

十八日、戊戊〔戌〕、

長谷寺法樂

大乘院孝尋月忌

實濟歸山す

觀音經六巻讀之、法樂長谷寺了、

一後已心寺（大乘院孝尋）御房月忌也、懃行如形修之、

（34ウ）

一実濟僧都歸山之由、來申了、

十九日、己亥、

湯治今日まて藥湯也、

廿日、庚子、

今日水湯也、

廿一日、辛丑、

湯治終るも腫物治癒せざるにより更に一七日沙汰す

（35オ）

湯治事至昨日沙汰了、而腫物ヲナシツラ也、如何樣」藥湯所爲也、今一七日沙汰可然之由、

面々申間、清憲（興善院）幷是上人（迎福寺久光）・古市（胤仙）以下ニ仰付、今一七日可沙汰也、仍且今日予燒之、

旬講問

一旬講問以下如例、

九條經教忌日

一故大閤（九條經教）之忌日也、懃行如例、

廿二日、壬寅、

如意輪呪如例、

一腫物猶不快者也、」

（35ウ）

廿四日、

地藏勤行

地藏懃行如例、

足利義教忌日

一普廣院（足利義教）忌日也、如形奉訪了、

廿五日、

天満法樂

天満法樂心經讀之、

一融通念仏千二百反唱之、」

（36オ）

廿六日、

大乘院孝圓正忌

故御房〔大乘院孝圓〕正忌也、僧少〻招請能時〔與齋〕了、有少懃行、又予四要品讀之、又僧一人別ニ召之、法花經一部讀之了、施少布施了、

經覺亡母正林忌日

一故禪尼〔正林〕忌日也、如例提婆品讀之、

廿八日、

荒神呪・聖天呪・慈救呪、各千反唱之、」

（36ウ）

廿九日、

湯治終る

記録以下は後日に書す

湯治至今日沙汰了、今度湯治不宜不審也、若風ヲ引故歟、腫物ヲナシツラ也、依此咳氣諸事閣之、記録以下如形後日書之間、毎事落事のミ在之、」

（37オ）

節分

宝徳元年十二月十六日節分也、

泰承をして春日社三十講を沙汰せしむ

一理趣分一巻・金剛經一巻、各信〔眞〕讀、中臣祓幷妙覺心地祭文讀之、普賢延命呪千反・不動合行呪千反・藥師呪千反・荒神呪千反・心經十二巻・又千巻讀之、於春日社卅講仰付泰承得業令沙汰了、又御間百度・水屋千度・金剛童子千度、其外中少社以下可廻之由、仰付兵衛四郎了、鈎十二連打進水屋了、龍守分一連同打進了、」

○以下一丁半ニ手習アルモ、コレヲ略ス、

「(表紙題簽)安位寺殿御自記　二十四」

「(表紙、別筆)宝徳二年

要鈔　　經覺」

○本冊、表紙ニ寶徳二年トアルモ、八月二十七日條ニ「今日將軍義成被昇進従三位宰相中將云々、」トアリ、足利義成ノ參議昇進、寶徳元年八月二十七日ナルコト、『公卿補任』・『康富記』等ニヨリ明ラカナリ、仍リテ本冊ヲ寶徳元年ノ日次記ト推定ス、

〔寶徳元年〕

○第一丁、大僧正一座宣事ヲ載ス、別ニ收ム、

(2オ)

六月小

朔日、

句講問

横根癒えず

千徳万福幸甚〳〵、

一句講問如例、金剛經同讀之、不動合行呪千反・普賢延命呪千反唱之、

一未横根不快之間、千巻心經今日不讀之、今月中可讀之者也、

一古市(胤仙)一樽・兩種給之、仰祝着之由了、

一餅祝着之、

一當坊(迎福寺)〻主干餅一盆給之、」

(2ウ)

古市胤仙息春藤丸所労

二日、

播州(古市胤仙)息春藤丸腹所労不快云〻、以外事歟、當時之機嫌外聞不所存者也、

九條滿家五七日忌

三日、

故關白殿(九條滿家)三十五日、今日於九条被沙汰、禪僧十余人觀音センホウト云〻、尤可有經供養等之儀歟、依無物省略也、可歎〳〵、(九條滿家、本年五月四日薨ズ、)

經覺願書を捧げ古市春藤丸の全快を祈願す

四日、

播州息春藤丸所労以外也云〻、此邊ニ居住併有奉公之忠故也、仍遺願書爲表其志之」所切思

(3オ)

知之儀也、

願書に三箇條を載す

〔一〕□尋計會神人五人各百疋分可下遣事、

(一)□以因明未題一取別百座可修講問事、

(一)□元興寺領人夫當年中以哀憐之儀可閣之事、

已上

經覺神馬を進めて春藤丸の所労本復を祈願す

五日、

春藤丸所労火急之間、珎事云〻、仍重雖可立願、(×有立願)猶無心元之間、予祕藏之馬月毛、可進神馬之由仰付了、尤雖可付師、遣播州所獻神馬可祈春藤所労之本複(復)之旨」仰遣了、撰手長中者也、然及三更既及難義云〻、則當坊上人(久光)招請、言語道斷次第也、

春藤丸幼少なれども心操抜群なり

彼春藤事、年齢雖幼稚十一歳、也、心操ヲトナシクシテ成長人ニモ拔群者也、此間又手ナレ了、不便中〱無申計、只迷惑之外無他之處、及五更無相違取直了云〻、歡喜無比類、喜悦太不少、併神馬等獻上之故歟、

(3ウ)

一吉阿下向了、

春藤丸快方に向ふ

六日、

春藤丸今朝屬減氣云〻、傷寒相副昨日當七日故也、於于今者、定不可有殊儀歟、神妙、

(一)□遣木阿於南都、宮千代事有仰遣門(大乘院尋尊)跡旨、

一一會在之、太有興者也、相副兩樽畢、

辨講

乳母忌日

星來下日

旬講問

大乗院覺尊忌日

經覺菩提山正願院營作一見のため登山す

（4オ）

七日、

弁講沙汰之畢、

□（二）乳母之忌日也、懃行如形修之、

八日、

藥師呪千反唱之、

一爲星來下日之間、星呪三百反・理趣分三卷・普賢延命呪三百反唱之、

十日、

有風呂、入了、

（4ウ）

十一日、

旬講問以下如例、

一新宮（大乗院覺尊）忌日也、少懃行沙汰之了、

一木阿歸了、宮千代事自門跡返答懇也、

十二日、

菩提山正願院營作爲見之予登山了、龍守幷梅賀召具、各乘馬、其外吉田伊豆（通祐）・庄屋弥五郎・內者以下廿余人召具、先着報恩院之後向正願院了、於堂幷廊悉葺立、自昨日正願院寢

殿葺之、隨分興隆也、夕歸了、

〔一〕□正願院六所以勸進之儀、重俊法印（菩提山報恩院）此間令營作、今朝辰刻上棟、今夜亥刻上遷宮云々、是又無双之興隆也、可感可悦者歟、

（5オ）
〔一〕□今日前關白殿（九條滿家）盡七日也、今日中陰之儀結□〔願カ〕云々、

初七日家督（九條成家）沙汰一條局（九條滿家妾、成家祖母）計略歟、　第二七日茶々若公（九條政基）春日局計略歟、

第三七日北殿　第四七日在豐卿（唐橋）・実世朝臣（八條）沙汰

第五七日觀音懺法建仁寺僧衆、　第六七日愚身（經覺）沙汰了、

盡七日豐安（石井）父子（在安）申沙汰了、

今度無經供養之儀之条、雖無念也、家門計會無比類上者、無力次第歟、

籠僧事、教法院師弟兩人、九条九品寺時衆一人、合三人也、今日各貳百疋被施之云々、

又於不斷光院五旬之儀被結之、志之至無申計、仍三百疋分施入云々、輕微之至也、せめて千疋可被入者歟、

經以下所進分在豐卿注給之、

（5ウ）
一不斷光院法花經一部、　一醍醐水本（報恩院隆濟）法花一部・折一合・茶十袋、

一福《サカ》地院法花一部、　一知恩院隆增僧都摺寫三部經・茶十、

正願院六所宮造營は重俊勸進す
上遷宮
九條滿家盡七日
中陰勤行沙汰次第
盡七日忌は九條家大夫石井豐安同在安沙汰す
經供養なし
籠僧三人
不斷光院にて五旬の儀を行ふ
經以下所進分
醍醐寺報恩院
知恩院隆增

天徳寺栢心

一天徳寺（栢心和尚）薬師如來像入黒漆厨子、

已上

於殿中書寫、

法花經・毎七日三部經・金剛經以下、

信圓尊信の墓に詣る

一今日於井山本願（大乘院信圓）幷宝峯院（大乘院尊信）以下墓ニ參了、又參本堂畢、

十三日、雨、

三寶院滿濟正忌
小泉重弘正忌

三宝院准后（滿濟）正忌日也、勤行如形修之、將又小泉重弘正忌也、於房人内異他懇志者たりし間、

是又令勤行訪了、

十四日、終日雨也、

越前河口荘大口郷を平泉寺地藏院競望す

（6オ）

□（一一）祐盛來、榼一・素麺三束・苔十疊□（給）之、」令對會令賞翫了、

□（一一）大口郷（越前坂井郡）事、平泉寺地藏院競望有申旨、

梅賀歸了、

奈良祇園會

一今日奈良祇薗會如形在之云々、但雨中如何、

聖人勸進念佛

一聖人勸進念仏至今日唱念之畢、（毎日百反）

菩提山惣山より物を進む

一先日登山ノ礼トテ、自井山惣山榼一荷・素麺三束・山桃一籠給之、仰不思寄之由畢、比

興〳〵、

京都地震止まず

一昨日自京下向者語云、京都ニハ地震未日々ニ不止、結句去十二日霄〔宵カ〕、去四月十二日大地震ニ不矢〔失カ〕築地以下又懐〔壊〕云々、希代事也、既及六十余日歟、」誠先代未聞事者哉、

（6ウ）

閏月を六月に爲す說

一或説云、閏月ヲ六月ニ被引越云説在之、不實説者歟、追可付才學者也、

東南院珍覺隱居せんとす

一東南院北面覺專來云、院主珎覺僧都去十一日爲九条礼上洛之處、自石山〔近江滋賀郡〕被歸輿以下、隱居之由被申云々、比興〳〵、

十五日、雨、

恆例念仏唱念之、

一雨中冷然之間、素麵等賞翫了、

一子刻雷鳴甚雨、

十六日、曇、

法性寺筆結

法性寺筆結廿管給之、秀筆也、用途少事可遣之由仰付了、」

（7オ）

洪水

□〔一〕此四五日雨下、以外之洪水云々、

東南院珍覺跡を沙汰せず遁世す

□〔一〕東南院〔珍覺〕隱居ニ付テ、實相坊幷祐舜播磨房、次日上洛、其左右未聞、くれ〳〵不可說之次第也、實ニ爲隱居之本志者、門跡事沙汰付附弟可有沙汰之處、無其儀而遁世云々、頗以比興

尋尊經覺に朝倉孝景の越前河口莊大口鄕代官職補任の可否を問ふ政所公文專當分を六千疋にて請負はしむべき旨答ふ

越智家榮上洛し足利義成に見參せんとす

春藤丸快癒す

胤仙奈良に反錢を課し鄕內を燒拂ふにより神慮に違ふ

胤仙の立願により春藤丸の一命を取止む

之次第也、大方計會之故云々、是又出家之身強非可痛之儀歟、旁以不得其意者哉、

十七日、霽、

自門跡爲隆舜奉行被申云、大口鄕朝倉(孝景)補任事、以五千疋分政所・公文・專當分歎申、然而無許容候、以六千疋分」(7ウ)歎申了、可被補任哉、且給主頻取申、可爲如何樣哉云々、六千疋分にて歎申候ハヽ、當時之儀不可有相違歟之由返答了、

一(法雲院)實意僧正給狀、遣返報了、

一播州語云、越智家榮今日上洛、可懸御目之由存歟、當時之儀無其詮者哉、可謂無益、不違儀相振舞者、何可有子細哉、縱雖懸御目、恣相振舞、令自專國中者、又可蒙冥罸歟、不弁此道理而相振舞之間、皆以違神慮者也、能々可得其意事歟、京都之儀定此分之由存者也、」(8オ)

一(古市)春藤丸腹自昨日成快了、仍今朝食事等無相違云々、神妙、凡今度存命併冥慮之至也、難有者歟、是併寺門霍執自去丑歳(文安二年)以來、或懸奈良反錢、或燒拂鄕內、播州一力之間、如此事違冥慮歟、去年妻女令逝去、今春中務(古市胤俊)被打了、又春藤丸万死一生間令仰天、計會之餘奈良樣事一切不可相綺之由、深令立願了、依之神慮思食直歟、春藤丸万死一生無相違存命、誠可謂冥慮、可仰可悅者哉、予心中專存南都靜謐安全之間、連々仰此事了、然今望(臨)一子

経覺手本として當年中元興寺領人夫役を閣く

（8ウ）

之万死、願一生之病𢙣〔癒カ〕於佛神、得折令教訓之間、」兩条共以不可相綺之由進願書条、先以本望也、予又爲手本當年中閣元興寺領人夫、彼非分也、是理運也、雖可相替、且者哀憐、且者爲勸人〔×本〕也、豈非慈悲哉、

一遣木阿於名良〔奈〕、有仰遺旨者也、

幸市法師大口鄕を打渡すため越前に下向す

一幸市法師來、爲大口鄕打渡、北國へ可罷下、有所用歟之由申之云々、可言付旨仰含了、

龍卷

一龍卷三枚也〔×遍也〕、事外悦申了、就中重下座出聲指〔マヽ〕悦云々、是利口歟、依爲兒歟、三人參云々、

十八日、天曇、

大乘院孝尋月忌

後已心寺〔大乘院孝尋〕御房月忌也、懃行如形修之、

長谷寺安位寺法樂

「〔一〕十一面少呪千反宛唱之、法樂長谷寺幷安位寺畢、」

（9オ）

一自今日力者法師一人召置之、當坊松石立請了、

東南院珍覺門弟候人等の慰留により退隱を止む

〔一〕東南院事、對門徒等有述懷之旨之間、可隱居由雖支度、云門弟等、云候人、種々相宥之間、可歸寺之旨返答、仍〔×了〕今日上迎之由北面覺專來語了、弥以楚忽之振舞歟、可謂比興、然而先可有歸寺之条宜者哉、

九條供花

一九条供花如先規可令沙汰之由、可仰驚之處、忘却了、存外〱、雖不仰驚可沙汰之条、尤不審也、

一松童向立野之由申之、

義成畠山持國の亭に赴く

一昨日室町殿(足利義成)被出畠山(持國)屋形云々、

十九日、天晴、

氣候不順により京都に病者多し

至昨日雨氣令連續之處、今日快晴、此間」大略衆人着少(小)袖、今日聊有炎氣、仍少々着帷了、(9ウ)季節不一篇、随而京都ニハ病人満道路云々、奈良田舎ニモ少々病惱歟、然而京都者超過云々、

橋寺宇治橋勸進を古市胤仙に就きて申す

南都輩は兩門跡以下關錢を出す例なし

永享四年に關所停止の訴訟の支度す

近年經覺の內者上下向に關錢を取らるるにより奉加の意志なき旨返答す

大和善勝寺前關山城狛關を申破る先例あり

一宇治橋(山城宇治郡)勸進事、就播州申之、返答云、此間内者共大略雖申子細、出錢質(貭カ)通之云々、橋寺(山城宇治郡)沙汰之次第存外無極、惣而南都輩兩門跡(一乗院・大乗院)上下沙汰外、至僧坊諸院内者出之事更無之事也、随而去永享四年辰市御童子被取之間、關所事可申破之由及支度之間、橋寺坊主良賢房種々懇望、向後不可有如此狼藉之由、出書状被歎申」之間、(10オ)閣上訴了、而近年愚身内者上下向大略取之、大存外也、一段可申破之由存之間、不申是非、心中如此上者、只今奉加事不可思寄之由返答了、大方不限宇治事也、當國幷山城邊關所事不可然、仍佐保川(添上郡)橋質(貭カ)善勝寺前關東南院取之、去應永卅三年愚身申破了、又山城狛(相樂郡)關應永廿九年、云寺門、云愚身、直雖問答不事行之間、達上聞追破了、若猶恣取之者、以便宜爲寺訴被破之様可申行之由、以次仰聞了、」(10ウ)

廿日、雨、

小法師兄弟の緩怠により恩給地を召上ぐべき旨を尋尊に傳ふ

京都へ所用之間、御童子小法師兄弟之內可上之由仰遣了、而可給御文之由申之間、緩怠之至不可然候、仍可召上御恩等之由仰遣門跡了、

廿一日、雨、

旬講問

旬講問以下如例、

九條經教遠忌

一大閤(九條經教)遠忌也、備進靈供、懃仕少善、

大雨連續す

一連日之雨以外之事也云々、

一在湯、入了、

廿二日、雨、入夜甚雨以外也、

如意輪呪千反唱之、

一上辰市御童子於京都了、」

(11オ)

廿三日、霽、

義成越智家榮を引見し劒を與ふ

播州來語云、越智家榮一昨日室町殿構見參御劒被下、大方殿(日野重子)又被下少(小)袖之由申下云々、

廿四日、雨、連雨希代事也云々、

甲斐常治の母死去す

御童子下了、甲斐美乃(常治)入道母逝去之間、嵯峨ニ令住之間、加々嶋以下不及返事云々、

足利義教九回忌辰
幕府法華八講を等持寺に修す

一普廣院(足利義教)贈大相國正忌也、少懃行沙汰之奉訪畢、於等持寺如例年自廿日可有八講之處、依

松林院貞兼一座證義

天滿法樂

入湯のため白毫寺に赴く

越前河口荘大口郷を朝倉孝景に打渡す河口荘細呂宜郷上方御服

大乗院孝圓及び經覺亡母正林忌日

經覺小法師丸兄弟の科條を免さず

長井與四郎をして神殿荘間田分を注進せしむ

奉行錯乱、貞兼〔松林院〕僧正一昨日上洛、自今日有八講云々、貞兼一座證義云々、傳聞、其外證義三人、極官者四人烈〔列〕座云々、

（11ウ）

廿五日、霽、朝風、

天滿法樂心經如例、又融通念仏千二百反唱之、

一爲入湯向白毫寺、予板輿、龍守乘馬、其外祇候者播州一族・若黨等濟〔々脱カ〕給之、於地藏院芝予出干飯了、

一內山中院道秀律師爲弟家門事來了云々、予依出行不對面者也、吉阿後語之、

一〔 〕□大口郷補朝倉之間、幸市法師爲打渡令下向北國云々、又正陣法師爲細呂宜〔越前坂井郡〕郷上方御服催促、今日下云々、坪江〔越前坂井郡〕政所所〔高屋一鏡房〕へ遣狀了、

（12オ）

廿六日、雨、

故御房〔大乗院孝圓〕幷禪尼〔正林〕忌日也、備靈供致懃行了、法花等讀之、

〔 〕□御童子小法師丸兄弟事、自門跡以舜信法師被申子細在之、科条難遁欤之由返答了、

一神殿〔添上郡〕間田之內小法師兄弟御恩一町五反也、而只今壹町分注進之間、爲糺明仰付長井与四郎、間田分可注進之由內々仰了、是爲才學者故也、此与四郎古市若黨也、

門跡方
神殿間田事与四郎存知分

塗師田

上番田

檜物田
經師田

勾當田

勅願料所越前坪江郷政所年貢無沙汰
越前河口荘細呂宜郷下方呉綿催促
菩提山正願院造營竣功
番匠に用途五百疋を遣す
棟梁に百疋
用脚百七十餘貫

一町　彦大郎自作、小法師兄弟也、　百性城土二郎大郎 六反塗師田　百性京極左近五郎 四反同

百 長井道阿 一町上番田　百城土三郎 一反同　百性長井ヒコ大郎 三反慶万跡

百 長井六郎 二反徳市　城土三郎 一反同　百長井法師 三反慶徳

（12ウ）

百長井孫太郎 一反ヒモノ田　百長井賢春 二反經師田

此内 百一反七郎二郎 中院 三反半同經師田 一反長井せ井五郎　一反長井後藤次郎　四反勾當田　百此内三反長井五郎左衛門 一反長井道阿

已上只今注進分五町一反半

一龍守遣門跡了、依招引也、

廿七日、霽、

徳市自北國上洛了、是勅願料所坪江政所無沙汰事爲催促自納所（懐實）下了云々、就其細呂宜郷下方呉綿爲催促、則又今日令出門、明日可罷下之由仰含了、旅粮百五十疋下行了、

□〔一〕正願院造營去廿一日悉沙汰立之由、重俊法印以状申之、粉骨神妙之由、以愚狀仰遣了、

（13オ）

□〔一〕番匠十余人沙汰歟褒美分歟、用途五百疋」惣中へ遣、又爲棟梁沙汰之間、松太郎男ニ百疋遣之由申之、沙汰之次第神妙也、凡今度上葺様ハ、御堂廊共・寝殿・中門彼是分百六十余貫、其外十貫計沙汰入云々、以尩弱之用脚成大功之条、尚々神妙之由仰遣了、

一楠葉(西忍)來、
一初見瓜了、
廿八日、雨、
朔日千卷心經依指合不讀之間、今日讀入了、又荒神呪千反・聖天呪千反・慈救呪千反唱了、

朔日千卷心經を讀む

一素麵賞翫之了、
廿九日、甚雨也、
有湯、入了、

(13ウ)

一𦬇山六所拜殿三經供事、可仰付宗舜之由、仰遣祐盛所了、申知院清承可書遣旨申云々、今度就正願院修理、連日之粉骨賞也、三經とハ仁王・㝡勝・法花日々讀誦、以此得分余殘、拜殿ノ修理爲之云々、以前禪衆依不沙汰、拜殿雨露ニおかされ了、就旁改補可然歟、此供者正願院方者歟、(報恩院・寶峯院・常光院)三ケ院家方者歟ならてハ不被補事也云々、重俊法印說也、

菩提山六所宮拜殿三經供を宗舜に命ず
得分の殘を拜殿の修理に宛つ
菩提山三箇院家

(一)□以今月中所修少善令法樂西方極樂、祈臨終之正念不退土(×▒退土▒)往詣畢、爲毎月之儀之間、不能記巨細者也、

(14オ)

一横根又再發之間、今朝乍怖畏以針口ヲ廣成了、然而血少出、物タラス、當坊上人藥給之

横根再發

間入之畢、雖及百余日猶不平愈、殊計會者也、

〔一〕(成舜)□善性來語云、寺中五大院重弘法印跡、識春得業相續由、十市遠清申付歟、當坊事爲門跡(大乘院)祈願所、以他門之身相續不可然之間、離一乘院門徒可參當門跡門室之由、以清祐(成就院)法眼申門跡之處、返答不分明云〻、若不許之歟、難意得心中也、

十市遠清五大院重弘跡を識春得業に相續せしむ

一乘院門徒の大乘院門跡祈願所相續は不當なり

一戌(戊)刻如形有祓之儀、蟄居之後、先〻樣强無此儀歟、然而無殊煩之間沙汰了、予藝(褻)衣、役送覺朝、少衣、

祓

一龍守自門跡歸了、

(14ウ)

七月大

朔日、

千德万福幸甚〱、

一旬講問幷金剛經等如例、又不動合行呪千反・普賢延命呪千反唱之、

旬講問

一自讀心經千卷讀之、

自讀千卷心經

一播州(古市胤仙)一瓶・白瓜一鉢給之、

一餅祝着了、

九條家侍石井在安來る

一九条侍河内守在安《(石井)》下向了、条々被聞了、

二日、

有少盃、在安上洛了、

越中に鬼人出没すとの説あり

青鬼を打ち赤鬼を搦取る守護畠山持國に子細を注進す

（15オ）

□〔一〕在安語云、越中國ニ椎名知行分内、夜々作物ヲ荒之間、郷村ノ人共夜待爲之、如案田畠損之者在之、仍取マハシテ打之、一人ハ打留之、一人クミ留了、見之者鬼人也、一人ハ赤、一人者青色也、青ヲハ打取、赤ヲハ搦取云々、此子細注進守護畠山〔持國〕、畢、随而急可上之由加下知欤之由、京都ニハ有沙汰云々、爲實事者希代之次第也、

京都の地震四月以來打續く

又語云、地震自四月于今不退云々、是又何事表事哉、難知〱、

和談の内儀あり

一和談事有内儀、敵自名良〔奈〕遮而來申故也、

三日、

宗秀延恩房、弥藏院、來、榼一双・素麵五束・瓜・桃等給之、令對面悦喜之由仰了、先於閑所能〔與〕小盃、

大和の米を山城に運出すにより和市等減少す

（15ウ）

一語云、奈良中幷當國八木出山城口分毎日廿駄云々、依之和市等事外令減少了、當國之衰微也、然而衆中出札取用途上者、廿貫分今月來月兩月可出上者、廿〔マヽ〕出入ヲ可停止之由、學侶評定之由牒送衆中云々、撫民之政道也、

一吉阿弁善陣上京都了、

四日、霽、夕立、

今昔物語七帖返遣貞兼(松林院)僧正畢、

一坪江(越前坂井郡)政所(高屋一鏡房)以飛脚申云、就未進下仕丁武光之處、雜用十四貫餘・上草手千疋取之畢、種ゝ雖加問答、以未進沙汰之內、押而取之間、如今者向後儀以外之次第也云ゝ、申狀尤也、土代直仕丁等下遣之条不可然、爲向後可責返上草手等之由」仰遣門跡(大乗院尋尊)了、是依愚身粁所也、

(16オ)

一五色一荷自己心寺給之、悅遣了、

一アコタ二籠自極樂坊給之、悅仰了、此內一籠古市(胤仙)、一籠遣淸憲(興善院)方了、

一龍守五通傳、令一見了、强非當用者歟、淸憲依申狀也、

五日、

自東南院(珍覺)有書狀、遣返報了、加州便宜事也、

一越中國鬼人事、昨日播州語分ハ爪分六尺餘在之、身事廿丈計歟、死タル鬼水ニ流出云ゝ、國中ノ物共ヨリテ切取云ゝ、是修行者ノ說也、鬼人出現彼國之条者必定、其說者區ゝ也、

一善陣法師下了、

一海松初見了、

「

今昔物語を松林院貞兼に返却す

越前坪江郷政所仕丁武光の雜用上草手等を押取するを訴ふ

坪江郷は經覺の料所

阿古陀瓜

越中の鬼人の身長二十丈ありとの說

海松

（16ウ）

六日、

海松ニ折敷遣清憲了、

古市城の東に物の崩るる音あり

一播州語云、夜前五過ホトニ城ノ東ニ當テ物ノクツル、様ニ音スル事アリケル云々、城ノ者ハ城ノ東ノ山邊ト聞了、鹿野苑〔添上郡〕ノ者ハ戌〔戍〕亥ニ聞云々、或又春日山〔添上郡〕かと申云々、不分明歟、

二連書

一龍守ニ二連書教之畢、依所望也、祕決〔訣〕物歟〔〆也〕、

仙氣藥の法

□〔一〕遣仙氣藥之法於清憲了、祕傳木香順氣散、

七日、

二星法樂

（17オ）

早旦浴水、懃行如例、次拜織女、七拜、并讀心經七卷、法樂二星畢、次書和哥於」梶葉、葉七首、各一所奉手向牽牛・織女也、梶葉無之間、書楸葉了、入湯了、

御後見成就院清祐少節供を調進す

□〔一〕自御後見〔成就院清祐〕例式少節供調進之、不相替先々之間、不能委細記者也、予着藝〔褻〕衣祝着之、手長龍守、當色、役送覺朝、少衣、次節〔供脱カ〕如形在之、

一播州素麵一鉢・瓜一鉢・一瓶進之、仰祝着由了、

古市城にて大般若經轉讀す

一於播州城有大般若云々、一昨夜物ノ鳴タルハ城東ノ岸ニ松木在之枝折云々、其聞歟、非殊儀者哉、然而猶令怖畏歟、招請芿山法師等、令傳〔轉〕讀大般若云々、

多武峰の東に大蟇出づ

（17ウ）

一播州語云、多武峯東ヲハコト云所ニ、居タケ」四尺計、ハタハリ七尺計ノヒキカヱル出、

人多以見之云々、希代事歟、

鳴動あり

一昨日自七時分至亥刻連々鳴動、春日山歟ト云説在之、又塚歟なと云説在之、未一定、

小法師丸の嚴科を免ず

一御童子小法師丸科条事、以播州種々歎申間、雖不所存可閣嚴科之由返答了、其礼歟、榼幷用途五百疋進之云々、

八日、

星來下日

藥師呪千反唱之、又爲星來下日之間、當年星呪三百反・普賢延命呪三百反唱之、又理趣分三巻讀之、

越前河口荘細呂宜鄕上方定夫

(18オ)

□(一)正陣法師細呂宜鄕(越前坂井郡)上方定夫事、祐誠申」子細在之、德市有申子細之間、申門跡了、若被仰出子細在之者、以書狀可申旨返答了、

神人神樂男

□(一)古市云神人神樂男事、勝願院信六郎男重經事也、後闕所望、可仰○西金堂大行事泰祐法橋、

木津問屋

一木津(山城相樂郡)御問來、爲礼云々、

九日、

榼以下を京都に上す

榼・瓜等相副善陣上京都了、

大宅寺奈良巡

一大宅寺奈良巡事、七人分木津まて可進之由、加下知了、而兎角申子細之間、重々加問答了、但三人進了、又横行四人召之、」

（18ウ）

経覺上洛

指月庵を見物

十日、
寅初點立迎福寺上洛、送者共播州召進之、自石切春日山ノ後ヲ廻テ至木津、舟ニテ上洛、於船中有少盃、至伏見（山城紀伊郡）上了、二俣過マテ九条人夫八人召給了、着不斷光院了、以次指月庵以下見之、榼一・瓜籠一遣長老了、

大乘院覺尊忌日

九條亭に赴く

十一日、
旬講問以下如形修之、又新宮（大乘院覺尊）忌日也、懃行沙汰之、參殿中了、少膳等在之、又依招引向一条局、有少盃、

（19オ）

一教法院被來、

十二日、
參殿中了、

一有風呂、於不斷光院也、爲愚身云〻、似有其痛、

三寶院滿濟忌日

十三日、
法身院（滿濟）准后忌日也、懃行如形修之、

十四日、
法花四用（要）品讀之、幷少呪等如例、

經覺九條成家同政基同道にて九條家の墓所に詣る

一小冠(九條成家)幷若公(九條政基)兩人令同道、參一音院(九條忠家)墓所、手向水畢、三緣院(九條道教)殿・後報恩院(九條經教)殿・後已心院(九條忠基)殿・後三緣院(九條滿家)殿、其外姬君墓在之、

(19ウ)
一於不斷光院夕手向水於亡魂了、

代々御影拜見

十五日、
參殿中《代々》御影拜見了、幷手向水了、

故九條經教等に靈供を備ふ

一懃行事、法花四用〔要〕品幷小呪等如例、
一備進靈供、故大閤(九條經教)幷後已心寺(大乘院孝尋)・故御房(大乘院孝圓)・母堂禪尼(正林)・按察局(九條經教妾)、五前備之畢、
一恆例念仏唱念之、

十六日、
清承來、
十七日、
祐盛瓜一荷給之、

小泉重榮瓜を進む

(20オ)
□〔一〕小泉(重榮)瓜三荷進之、公事物也、一荷ハ遣惣持寺了、

佛地院俊祐以下を進む

一仏地院俊祐僧都榼一荷・瓜一荷・茶十五袋賜之、悅遣了、

十八日、

大乘院孝尋月忌

後已心寺御房月忌也、懃行爲之、

長谷寺法樂

一觀音經六卷・小呪等唱之、法樂長谷了、

江瓜

一自殿中江瓜廿籠給之、祝着爲悅之由、進返報了、

一樗藏主來、

大聖院運盛榼以下を進む

十九日、

運盛（大聖院）榼一・素麵一折給之、則賞翫了、淸承來、」(20ウ)

廿一日、

九條經教月忌

故大閤月忌也、懃行如例、

旬講問

一旬講問二座・金剛經等如形讀之、

尋尊越前河口荘細呂宜鄉訴訟につき經覺に諮問す

一就細呂宜鄉訴訟事、自禪定院（尋尊）以中務賢秀可如何哉之由被申之、百性同來了、則以中務重々問答伏理了、仍門跡之奉書計給之可罷下之由申之間、可書遣之由、仰返答了、賢秀瓜一籠給之、

廿二日、

太子法樂

如意輪呪千反唱之、法樂太子了、

經覺內者共川魚を取る

(21オ)〔一〕□內者共於當所川可取魚之由競望、然而殺生禁斷事也、殊更當時家門（九條家）事一向愚身」相計處、

内者共可破法之条不可然之由、(×間)偏仰之間、稲荷伏拜より下にて取之云〻、當寺不斷光院、事結界之間、不入魚以下、仍借大聖院律師運盛坊、賞翫了、而運盛種〻相振舞云〻、非無其痛者哉、

大聖院運盛の坊にて賞翫す

廿三日、

中務(賢秀)下向了、仰上件子細了、

賢秀奈良に下向す

一木阿上洛了、

廿四日、

地藏懃行如例、又普廣院(足利義教)忌日也、如形奉訪畢、依爲恩人也、」

足利義教忌日義教は經覺の恩人

(21ウ)

廿五日、

天滿法樂心經如例、文殊呪千反唱之、又融通念仏千二百反唱之、

天滿法樂

廿六日、

故御房幷禪尼(正林)忌日也、懃行如例、

大乘院孝圓及び經覺亡母正林忌日

一於當寺有風呂、予入了、

廿七日、

參殿中出仕具足以下校合了、

出仕具足校合

九條家風呂上葺

廿八日、

殿中風呂上葺以下如形今日沙汰了、

(22オ)

一「荒神呪千反・聖天呪千反・慈救呪千反」唱之、

九條家八朔の贈遺

廿九日、

殿中八朔事、室町殿、(足利義成)馬・太刀、殿中在之、梶井殿、(義承)予、管領、(細川勝元)実世朝臣、(八條)山名、(持豊)豊安、(石井)大方殿、(日野重子)式部大輔、(唐橋在豊)如此支

配了、依用脚無物也、

南都八朔禮

晦日、

自南都八朔礼共在之、玄兼・祐盛・隆舜各白布一端、縁舜織色一進之云々、

」

(22ウ)

八月

朔日、

千徳万福幸甚々々、

句講問

一句講問以下如例、并自讀千巻心經讀之、又普賢延命呪千反・不動合行呪千反唱之、

稲荷社に代官を進む

一自今日七ヶ日稲荷社へ進代官了、御子也、

九條家の憑

一自殿中給憑、自是可申事欤、不思寄物也、香呂一胡銅、・引合十帖、仍白布一端・杉原十帖進了、其外殿中候人等大略沙汰之、太不思寄者也、

染付呉器

□原扇　檀紙十帖　染付呉器、式部大輔、(唐橋在豊)
檀紙・血(皿、下同ジ)　円座十枚　皮子、実世朝臣、(八條)

大刀

(薫)□物一貝　大刀一腰　染付呉器、千代福丸、
花瓶一　胡銅・大刀、在治朝臣、(唐橋)

(23オ)

雑紙五　檀紙十帖　扇、運盛律師、(大聖院)
檀紙　円座十枚　血二束、兼益、(信濃小路)

雑紙五束　杉原十帖　扇、豊安、(石井)
織色　血十　瓜、在安、(石井)

薫物

雑紙五束　瓶子二　瓜・枝大豆、安藝、
雑紙五束・布　不断光院沙弥　薫物二貝・染付茶垸、

細美

又茶々御所(九條政基)大刀・引合、一条局(九條滿家妾)細美一・呉鉢、

一參殿中祝着了、其後歸宿坊祝着之、殿中祗候人之大略招引了、素麵以下在三獻、

小花粥

一自長老餅幷小花粥・酒以下被出之、殊令祝着了、爲痛、

南都よりの憑

一自南都憑分、

蘿莒

(尋尊)禪定院白布一端・蘿莒・瓶子・扇・杉原、

蘿箱
和布

南都への憑返

（23ウ）

清祐法眼（成就院） 白布・杉原、　縁舜 織色帷一、
祐盛 白布、　隆舜 白布、
玄兼 白布、　一切經納所（尊英） 白布二端・蘿箱一合、
勅願納所（懐實） 白布、　古市（胤仙） 榼一荷・和布一條、
吉田（通祐） 矢百、　山村武藏（胤慶） 矢百、
井上若狹（玄專） 茶十五袋、　井上讃州（榮專） 茶十五袋、古酒、
弥阿（古市） 矢百、　普賢院（英弘） 榼一荷、又一・白璧一合、
迎福寺（久光） 茶一器、

三日、
於殿中有風呂、

（24オ）

四日、
有便宜之間返共遣南都了、
禪定院 綿一屯・染付呉器一・作臺・引合、
清祐法眼 蘿箱一・扇・引合、　縁舜 細美一・扇、
祐盛 杉原・扇、　玄兼 杉原・扇、

隆舜杉原・扇、　古市提一・杉原、

珎阿布一端、

五日、

旗雲

旗雲南北へ空ヲ通了、自申刻至亥刻在之云々、初ハ赤、後白云々、

十一日、

旬講問

旬講問・金剛經以下如例、

（24ウ）

十五日、天曇、

月遊

月遊如形在之、

十八日、

長谷寺法樂

觀音經六卷讀之、法樂長谷寺了、

大乘院孝尋月忌

一後已心寺（大乘院孝尋）御房月忌也、懃行如形修之、

如法念佛始行

一於不斷光院如法念仏自今夕在之、丁聞了、滅罪生善何事如之哉、

十九日、

拾栗

向教法院爲拾栗、龍守同道了、則有風呂、入了、

（25オ）

廿一日、

句講問

句講問二座・金剛經如例、

九條經教忌日

(二)□後報恩院(九條經教)忌日也、懃行如例修之、

太子法樂

廿二日、

如意輪小呪千反唱之、法樂太子了、

廿三日、

有風呂、

廿四日、

歸不斷光院旅宅了、

天滿法樂

廿五日、

心經廿五卷讀之、法樂天滿了、又融通念仏千二百反」唱之、又文殊呪千反唱之、

(25ウ)

如法念佛結願

一如法念仏今日結願云々、

大乘院孝圓及び經覺亡母正林忌日

廿六日、

故御房(大乘院孝圓)月忌也、又故禪尼(正林)忌日也、彼是懃行了、

本願寺圓兼を訪ふ

廿七日、

自大谷(本願寺圓兼)招引之間向了、有風呂、終日活計也、用途二結遣了、教法院・龍守同道了、及昏

足利義成參議に任ぜらる
唐橋在治小槻長興沙金拜領
義成始めて參內す
經覺行列を見物
行列次第
日野勝光
廣橋綱光
高倉永繼
管領細川勝元
小侍所細川成賢
四條隆夏
中次西園寺公名
一條兼良二條持通參會
帶刀交名

欲歸之處、頻留之間一宿了、

(二)
□今日將軍義成(足利)被昇進從三位宰相中將云〻、在治朝臣沙金十兩拜領云〻、爲大內記故歟、又官外記長興(小槻)十兩同拜領云〻、」（左馬頭正五位下足利義成ヲ參議ニ任ジ、從四位下ニ敍シ、左近衛中將ヲ兼ネシムルコト、康富記寶德元年八月二十七日條・公卿補任・足利家官位記ニ見ユ、）

(26オ)

廿八日、天晴、

今日大樹(義成)初參內云〻、仍爲見物自辰刻大谷直行向少家、近鄕万里(小)少路西ノツラ、來會人〻敎法院・菅宰相(唐橋在豐)・運盛僧都・性元房・淸承・子息喝食等也、有少盃、淸承一盆給之了、

申刻令通給、先前駈笠持三人、次居飼等、次引馬有鞍覆、虎皮、懸總、次先駈三人騎馬、次番頭六人、次牛飼十三人、此內一人狩衣、自余直垂也、次帶刀十三番、次御車、後乘裏松勝光(日野)弁、次右兵衛佐綱光(廣橋)、車、次左兵衛佐永國(高倉)(繼)、次衛府二人、五位一人、六位一人、次管領武藏守勝元(細川)、騎馬五番、次小侍所、右馬助成之(細川)(賢)、騎馬三番、」

(26ウ)

於置石邊下車、參會公卿四条大納言隆夏卿以下濟〻、中次西園寺前內府(公名)云〻、關白(一條兼良)幷右府(二條持通)參會云〻、於御前無一獻等之儀、片時被參退出云〻、

帶刀交名

赤松有間小三郎豐則　赤松有田八郎豐忠
伊勢八郎貞藤　同八郎左衛門尉盛經
伊勢因幡守貞仲　同次郎左衛門尉貞枝

二階堂六郎左衛門尉忠政　朝日因幡守持長

（27オ）

宮下野守元盛　同五郎左衛門尉盛長

東下總三郎元胤　屋代四郎貞昌

松田上野介信朝　同三郎左衛門尉賢信

小早川備後守熙平　小串新次郎

土岐肥田伊豆守持重　同石谷孫九郎行久

土岐外山孫九郎康明　同今峯三郎益光

佐々木黒田兵庫助清高　同黒田掃部助信秀

佐々木大原越前守信業　同大原新次郎持頼

佐々木加〔賀〕々守教久　同治部少輔秀直

衛府侍

衛府侍

薄モエキ織狩衣、指貫青、五位者欤、　紫狩衣、白布指貫、六位者欤、

佐々木塩冶三川守光清　朝日三郎左衛門尉持信

酉下刻歸九条旅宅了、

晦日、

時正に入る

自今日入時正、

（27ウ）

一魔界廻向理趣分一卷轉讀了、

魔界廻向理趣分

（28オ）

九月大

朔日、

千德万福幸甚〳〵、

□（一）旬講問已下如例、

旬講問

一餅祝着了、

一千卷理趣分發願了、又普賢延命呪千反・不動合行呪千反唱之、

千卷理趣分發願

一彼岸中百万反念仏昨日忘却間、自今日唱念之、

彼岸中百萬反念佛

三日、

今日三日月不出云〻、吉凶如何、

一大谷子息兒（本願寺圓兼）千代賀、來、榼・素麵・折一合、

圓兼息千代賀來る

（28ウ）

一千卷理趣分結願了、

千卷理趣分結願

四日、小雨下、

千代賀帰る

對馬公覺朝を本願寺に遣し物を贈る

徳市越前河口荘細呂宜郷より呉綿持來る

大乘院覺尊忌日

月遊

（29オ）

大谷兒歸了、
五日、
遣對馬（覺朝）於大谷了、垂髮慮（不脱カ）入來、旅宿之儀於事失方角者也、其憚多者哉由仰遣之、次香合
一入袋、椎江（堆紅）・引合十帖遣了、悦之由有返報、
一徳市自北國上了、綿二十七屯半持來了、年貢千疋依爲闕所事殘未進不沙汰云々、
八日、
藥師呪千反唱之、
十一日、
旬講問・金剛經等如例、又新宮（大乘院覺尊）忌日也、懃行」如形修之、
十三日、
有少盃、疑（擬）月遊者也、寺門（興福寺）寺官訓快五師來、對面了、寺訴悉開故云々、
十五日、
恆例念仏唱念了、
十六日、
理趣分十六巻・普賢延命呪千反・不動合行呪千反唱之、

越前坪江鄉政所高屋一鏡房末俊名の沙汰落居により用途五百疋進む

一高屋(一鏡房)來、坪江鄉之內末俊名事、依予劬勞寺官入意沙汰之間落居了、爲悅之由申之、進五百疋之折紙了、則下南都之由申間、遣狀於納所(懐實)了、

(29ウ)

十八日、

大乘院孝尋月忌

後已心寺(大乘院孝尋)御房月忌也、懃行如形修之、

長谷寺法樂

一觀音經六卷讀之、法樂長谷寺了、幷小呪等唱(×讀)之、

十九日、

大乘院孝覺月忌

已心寺(大乘院孝覺)御房月忌也、少懃行沙汰之、

廿日、

建仁寺天龍寺等を見物

東山(建仁寺)・靈山(天龍寺)以下見之、在治(唐橋)朝臣・大聖院(運盛)以下令同道了、予輿也、龍守馬、

懐全越前河口莊本莊鄉沙汰のため上洛

(一)□舜信(懐全)上洛了、本庄(越前坂井郡)可(×沙汰)事(行カ)可沙汰用云々、仍引付甲斐(常治)了、

廿一日、

旬講問

旬講問幷金剛經以下如例、

九條經教月忌

一故大閤(九條經教)月忌也、法花經等如例讀之、

經覺明日下向のため古市胤仙に迎を命ず

(30オ)

(一)□明日可下向之由存之間、參殿中畢、今日仰云古市(胤仙)、明日可下向、可進迎木津邊(山城相樂郡)之由仰了、

廿二日、

午下刻下向西路也、依雨路次言語道斷之間、至酉下刻付多奈部（山城綴喜郡）了、人夫以下夜中儀不可叶之由申之間、無力具足別所之所ニ置之、又自安養寺可逗留之由、再三雖申之、迎以下召了上、明日歸忌日也、仍押而初夜時分立彼所、子刻至木津迎以下來了、寅刻着古市迎福寺了、少膳等後一眠了、

経覺京都を立ち古市迎福寺に帰る

廿三日、

一如意輪呪千反唱之、法樂太子了、

太子法樂

一自九条爲送河内守（石井）在安下向了、

九條家侍石井在安經覺を送る

（30ウ）

在風呂、

廿四日、

地藏呪等如例、又普廣院（足利義教）忌日也、如形令懃行奉訪了、恩人之故也、

足利義教忌日

一河内守上洛了、

石井在安上洛

廿五日、

天滿法樂心經讀之、又融通念仏千二百反唱之、文殊呪千反同唱之、

天滿法樂

廿六日、

故御房（大乘院孝圓）并禪尼（正林）忌日也、壽量・提婆兩品讀之、備進靈供了、

大乘院孝圓及び經覺亡母正林忌日

（31オ）

廿八日、
聖天呪千反・荒神呪千反・不動呪千反各（マヽ）唱之、
卅日、
有風呂、入了、

魔界廻向理趣分

一魔界廻向理趣分一卷讀之、

十月

（31ウ）

朔日、
千德万福幸甚〱、

旬講問

一旬講問以下如例、
一自讀千卷心經讀之、又普賢延命呪千反・不動合行呪千反唱之、
十七日、

迎福寺の南に一宇を建つ
菩提山より竹以下を召す

自今日迎福寺南ニ立置一宇、內作爲之、番匠一兩人召之、
〔一〕
□竹以下召芿山了、

古市胤仙酒肴を進む

（32オ）

壬十月小

朔日、

千徳万福幸甚〳〵、

一懃行等如例、

一古市（胤仙）一瓶等給之、并餅祝着了、

一自去月至當月物忩非一之間、一向不記之、

（32ウ）

旬講問

十一月大

朔日、

千徳万福幸甚〳〵、

一旬講問以下如例、普賢延命呪千反・不動合行呪千反唱之、

一古市（胤仙）一瓶等給之、仰祝着由了、

經覺上洛の警固を小泉重榮に命ず

經覺上洛
古市胤仙も畠山持國に禮參のため上洛
甲兵二百

(33オ)

木津より舟にて上洛す
木津執行英專酒肴を進む
不斷光院に著す
胤仙は直ちに京都に上り秋野道場に宿す
船中の連歌

(33ウ)

一餅賞翫之、

二日、

近日可上洛之間、今日少〻物共上了、路次無心元之間、仰付小泉(重榮)了、」

四日、

丑刻立迎福寺上洛了、龍守・覺朝以下召具之、古市播州(胤仙)又爲管領(畠山持國)礼上洛之間、同召具了、八峯山越ニ向木津(山城相樂郡)、古市幷予送物共至中川邊來了、甲貳百計、

五日、

辰刻付木津以舟上洛也、二ソウノ分加下知了、兼定使德力法師上置者也、爰木津執行獻酒肴、於舟中賞翫濟〻在之、爲他門〻下處、如此相振舞之条、非無其痛之間、綾少(小)袖一遣執行英專了、畏申者也、未刻至淀(山城久世郡)自其上了、酉刻付不斷光院了、於古市者上京都、宿」秋野道場了、

於船中有種〻會等、先連哥在之、發句予、

浪寒し雪にや船も泉川
水の朝日や影こほるらん　胤仙
有明の殘る色より秋暮て　龍守丸

唐橋在豐來る

一菅宰相(唐橋在豐)以下來了、

〔一〕□宿ヘ榼等遣了、

六日、

管領畠山持國古市胤仙に見參を命ず

胤仙用途五千疋以下を持國に進む

持國胤仙に引出物を與ふ

古市播州上洛之由、左衛門督入道德本(畠山持國)當管領也、聞之、可見參之由、遮而被申之間迷惑仰天云々、尤可謂眉目、用途五千疋・馬・大刀出之之間、為返報大刀元重、・曇子〔緞〕二端・盆一枚・馬月毛、以譽田遠州使者而遣之云々、遠州」(34オ)又馬《葦毛》一疋・大刀・用途二千疋持向云々、旁眉目歟、大概聞及分記之、管領引出月毛馱馬云々、然而近比之駿馬云々、

經覺九條亭に赴く

〔一〕□向九条遣榼等了、侍從殿被見參了、有少盃、

一教法院被來了、

七日、

古市胤仙緞子持參

一曇子〔緞〕一端古市持參了、不思寄者也、

八日、

星來下日

藥師呪千反唱之、又星來下日也、普賢延命呪三百反・羅護呪三百反・理趣分三卷轉讀之、

九日、

畠山持國評定始出仕

經覺行列を見物す

管領禪門為評定始出仕云々、仍為見物乘輿出了、於近衛万里少〔小〕路見物了、為用心所々被官

警固の被官人を所々に配置す

人置之、愚身見物在所古市見物用心兼之被置之云々、」（34ウ）申初點通、先力者二人、次中間數輩、次輿《張》禪門衣袴、騎馬十騎、直垂・大口其躰歷々也、

古市胤仙下向す

十一日、

古市今日下向云々、

大乘院覺尊忌日

（一）□旬講問以下如例、新宮（大乘院覺尊）忌日也、懃行如例沙汰之畢、

大聖院運盛逐電す

十二日、

大聖院運聖律師、當寺尼衆光詮房（不斷光院）と申躰ニ名ヲ取之間逐電之由、在治朝臣（唐橋）來申了、不可說次第也、仍光詮房ヲモ可出旨、當寺長老被申、旁以歎入者也、」（35オ）

經覺九條家粥頭を勤む

十五日、

今夜予於殿中粥頭懃仕了、其躰比興也、

○以下餘白アリ、マタ別記ヲ載スルモ、別ニ収ム、

「安位寺殿御自記（表紙題簽） 四十三巻」

（原表紙、自筆）

寛正二年正月朔日

要　鈔

經（花押）

（原寸縦二四・七糎、横一九・〇糎）

○本冊、寛正二年正月一日ヨリ二月二十四日マデノ日次記ヲ收ムルモ、後半部ニ文安二年ヨリ同六年マデノ抄記ヲ收ム、仍リテ抄記部分ノミ此處ニ收載ス、

〔文安二年～文安六年〕

文安以前の日記を燒失す
經覺菊薗山城を自燒して遁る

愚記事文安以前分ハ於禪定院燒失時失散了、文安自二年分在之、
文安二年九月十四日卯刻、菊薗山城令自燒沒落畢、古市胤仙依有申子細也、六方衆同前、
先於古市朝飯以下服用之向山內、今夜菅原庵室宿了、」(47オ)

安位寺に著す

同十五日、立菅原向長谷寺、則一宿了、自寺一獻以下沙汰進了、十六日着安位寺畢、」(47ウ)

十二月

越前河口莊細呂宜鄕政所堀江越中加賀富樫氏の爭に就き闕所さる

四日、自北國又次郎上了、細呂宜鄕(越前坂井郡)事、政所堀江越中就加州富樫事被闕所、甲斐(常治)折紙可取賜云〻、
同五日、上明敎(實盛)於京都、折紙事甲斐方へ仰遣了、○コノ一行、前行ニ續ケテ書ス、
同九日、或仁申旨在之、於春日山本宮法師一人殺害事、去月末云〻、

內山釜口三輪に料足を課す

一內山・釜口・三輪三所へ懸料足了、然而釜口・三輪申子細、內山計少〻沙汰了、」(48オ)
廿九日、宮鶴以下自京下了、

文安三季

安位寺にて越年
於安位寺越年了、（正月）二日節分也、爲節供以下倍膳自南都守能法印（禪光院）沙汰了、

宮鶴を越前に下す
三日、立春也、正月十三日、下宮鶴於北國畢、甲斐入道（常治）折紙出之故也、

長谷寺より人夫傳馬を召す
同廿日、爲京上長谷寺人夫三人・傳馬一疋召之、上京了、

楠葉西忍
二月廿日、楠葉入道（西忍）夢事、

橘寺以下巡禮
三月十五日、橘寺以下巡礼事、又多武峯一見事、

攝津兵庫關違亂により興福寺閉門
四月十一日、長谷人夫四人來、依召也、○コノ一行、前行ニ續ケテ書ス、

（48ウ）

七月廿五日、興福寺閇門、依兵庫（攝津武庫郡）關違乱事也、

開門
同八月十二日、寺訴悉成就之間、今日開門云〻、○コノ一行、前行ニ續ケテ書ス、

尋尊法華會遂業
一禪公（大乘院尋尊）禪定院、法花會遂業事、

經覺上洛す
九月三日、自安位寺上洛事、

安位寺にて越年
常行堂猿樂
興福寺心經會
宮鶴出家
專慶寂す
宗信寂す
越前河口莊細呂宜郷下方政所補任

文安四年於安位寺越年了

山門朝拜事、二日於常行堂猿樂事、

正月十二日節分也、

自御後見(成就院清祐)湯帷等進之事、

十三日、興福寺心經會云々、

二月二日、宮鶴去月於京都出家下安位寺了、名字覺朝對馬之由仰付了、

(49オ)

一興福寺專慶法印、正月廿日比逝去了、

壬二月十八日

宗信(東轉經院)僧都逝去了、七十六歳云々、

三月一日

細呂宜郷(越前坂井郡)下方政所補任事、同九日、長谷事爲門跡(大乘院)可管領之由仰遣了、如此別當論退者、

古賢遺戒也、

興福寺三十講

同十九日、寺家卅講始行事、別當貞兼(松林院)僧正也、

安位寺三十講

廿二日、安位寺卅講出仕成敗事、

京都の奇事

同廿九日、京都希事人語之、於稲荷社狐廿一疋死事、又竹田塔汗ヲカク事、雲居寺仏モ汗カ、セ賜云々、

經覺古市迎福寺に移る

四月十三日、自安位寺出古市(添上郡)了、」(49ウ)

相國寺僧を越前坪江鄉政所に補任

五月九日、今日被補坪江(越前坂井郡)政所於相國寺僧云々、析所分事、敷銭等事仰遣了、

同十九日、向古市城事、

室生寺に赴く

一六月三日、室生寺(宇陀郡)へ向事、春日御影令拝見事、

一條兼良關白宣下

一十五日、關白事宣下一条前攝政(兼良)事、

富樫泰高と同教家の相論

六月加々(賀)國守護職事、安(泰)高(富樫)与教家(富樫)相論、大名兩方引級之間、大軍上集事、

一切經納所訓營寂す

一七月二日、訓營延快房得業、逝去、寺門舟檝、門跡柱石也、一切經納所也、自方々望申云々、」(50オ)

馬借蜂起

一馬借政(攻)南都事、

尊英を一切經納所に補す

一一切經納所事、被補尊英法印云々、

懐實を勅願納所に補す

尊英法印勅願納所也、而爲一切經納所間、被補懐実禪堯房、了、

古市胤仙南都を攻む

八月九日、古市(胤仙)寄南都事、

一同廿九日、高田春松夭亡事、

迎福寺長老久光上人號許可

九月九日、久光上人号悦事沙汰之、

一國平均棟別錢に就き東大寺に發向す

一一國平均棟別錢事、東大寺門及異儀之間發向事、同十四日也、

十月

春日社造替

春日造替事、

」

(50ウ)

文安五年二月

圓満院圓胤擧兵

南朝聖主(圓満院圓胤)舊冬廿七日被上旗之處、隨從(×従)五百人計也、而二百余人裏歸テ奉打了、(前大僧正圓満院圓胤蓄髪シ、兵ヲ紀伊北山ニ擧ゲ、守護畠山持國ノ部下ニ撃タル、コト、康富記文安四年十二月二十二日條・同五年正月十日條・同月二十三日條ニ見ユ、)

萬里小路時房內大臣に就任せるも兩門跡書札禮は替ふべからず

四月廿三日、

万里少(小)路□時房任內大臣云々、仍兩門跡(一乘院・大乘院)書札可相替云々、不可依其之由申遣了、

越前坪江郷奉行

一坪江（越前坂井郡）奉行事、以楞藏主清承有申子細之間、仰遣門跡（大乘院尋尊）之處、不可有子細之由返答之間、其子細仰遣清承之處、五月十四日爲畏申來、進五百疋折紙畢、

興福寺長谷寺に發向せんとす

（51オ）

一同十六日、自寺門（興福寺）使節兩人清乘五師・訓快得業、來白毫寺、」當所學侶六方英円・賴秀各直綴（裰）、對面、長谷寺發向事可同心之由牒送、返答云、同心者勿論承子細可申所存之由返答云々、

古市城に赴く

一同十九日、依招引向古市城事、

逆修結願

一同廿六日、逆修結願了、

六月大

越前細呂宜郷割符

五日、九郎次郎男自北國上洛了、自細呂宜（越前坂井郡）郷割符二到來了、

一同六日、向白毫寺事、

越前河口莊大口郷

一同八日、大口（越前坂井郡）郷事、自供衆有申子細之由、自門跡申賜了、

春日社參詣

一同十一日、予參日〔春脱〕社事、

一同十二日、大口郷事、条々可仰上京都旨、仰遣門跡事、」

春日社正預辰市祐憲の孫殺害さる

（51ウ）

一同十四日、卯刻、爲矢入古市向奈良、於芿院西口罷向處、正預祐憲（辰市）孫祐豐（辰市）子被殺害事、

大口郷割符

一自大口郷割符二爲礼愚老方進事、

越前河口荘兵庫郷請口
越前河口荘大口郷作毛
足利義教忌辰幕府法華八講を等持寺に修す
畠山持國所勞本復し出仕す
能登若山荘
吐田下人を打つ
勅願納所懷實八朔無沙汰
小嶋彦五郎官途所望
古市胤仙軍勢南方に向ふ

一十五日、
玄兼子息爲出仕、兵庫郷（越前坂井郡）請口内千疋拜領之由申給了、
一六月十七日、東金堂衆、勿行衆、○コノ一條、四月二十三日條ノ次ニ書シ、墨線ヲ以テ此處ニ入ルベキコトヲ示ス、
一六月廿一日、大口郷作毛無爲之礼爲申門跡、百性一人罷上事、
一同廿四日、於等持寺爲普廣院（足利義教）有八講、自當寺俊圓僧正（東北院）・講衆俊祐僧都（佛地院）・兼圓得業（東院）上洛事、
一畠山徳本（持國）禪門所勞本複（復）之間、今月二日令出仕、仍方々礼節在之由申下之間、予榼二荷・瓜二荷遣了、
一同廿六日、自長谷若山（能登珠洲郡）事有申子細、六方先年遺狀等持來了、
一信貴沙汰トシテ、立野之吐田下人打之事、
（52オ）
一中綱玄慶事、可歸寺志旨哉之由伺申事、
一晦日、祓事、
（〆八）九月四日、
勅願納所（懷實）八朔無沙汰事、仰嚴密之間、白布二端・用脚三百疋進事、
一越智一族小嶋彦五郎申官途事間、可爲兵庫助由仰付事、
一同七日古市卒（率）軍勢向南方事、同八日罷歸畢、

古市珍阿辰市東某を打つ

赤松則尚三箇國拜領

細川持常則尚を扶持す

九條滿家病篤し

家督を成家に讓らんとす

越前坪江鄕政所高屋一鏡房

坪江鄕請口等治定

神鹿死す

九條滿家後事を經覺に托す

一同十一日、辰市東於道西庵室珎阿(古市)打之事、

(52ウ)

一赤松彦五郎(則尚)和泉國府中在之、以勝田備後、備前・」播磨・美作三國拜領、然山名(持豊)不渡之間、相待一左右事在之間、隨其樣可罷入云々、只今ハ兵粮以下細川讃州(持常)沙汰云々、勝田者赤松内者也、

一同十四日、教法院下向、九条前關白殿(滿家)數月違例、只酒計ニテ存生、無其憑之由被申事、仍家得(督)事十歳孫(九條成家)被進讓狀事、

一同十九日、以中務(賢秀)高屋(一鏡房)歎申坪江鄕(越前坂井郡)事被申間、難閣所存之由返答了、又爲其實意僧正(法雲院)來事、

一同廿日、懷實禪堯、初來事、

一同廿一日、坪江政所高屋一鏡房鄕分請口五十五貫・油免年貢卅三貫・綿五屯・貞依名三貫分令治定了、

(53オ)

一同廿二日、於西屋社頭神鹿突合經藏下ニテ一疋死事、」又去九日自長谷川鹿一頭死テ流出三輪邊、是モ只今長谷發向沙汰時分表事云々、

一同廿五日、予上洛、則參殿中處、於火燒所前關白殿(九條滿家)被對面、御病相凡迷惑御式也、就中御遺跡事可計申之由被申間、難治之由、盡篇返答申了、然故僧正(大乘院孝圓)今前關白殿御幼少之時計申上者、就佳例如何樣可存知之由、種々承之間、無力奉領狀事、

三寶院本願寺一條兼良亭に赴く

一十月六日、向三宝院事、同九日向大谷事、又參殿下(一條兼良)事、

九條滿家女出家

一同十日、前關白殿姫君爲吉田長老弟子出家事、

尋尊清祐宿所に赴く

一同十七日、大乘院禪公(尋尊)被向清祐(成就院)法眼宿所事、」

(53ウ)

坪江郷敷錢

一同廿日、高屋一鏡房敷錢廿沙汰事、

亥子

一同廿二日、亥子一折御後見(成就院清祐)進事、

一廿七日、古市城へ向事、

釜口學侶六方衆長谷寺に發向す

一同廿八日、釜口止住學侶・六方令進發長谷寺處、防戰之間、筒井一族柏木若黨一人、豐田以下若黨被打事、

武者奉行

一自門跡可被下武者奉行由申事、則隆舜法眼罷下事、同廿九日發向不事行間、學侶・六方悉歸寺事、

菩提山經藏檢知

十一月三日、爲經藏檢知入井山事、

學勝五師跡

一同七日、自東南院(珍覺)學勝五師跡事光英違乱不可然、可教訓之由申賜事、」

(54オ)

一同十日、福智堂春藤爲礼來事、

法華會始行

一同十三日、依長谷發向、法花會九日ニハ不始行間、自今日在之事、

迎福寺の辰巳に一字建立

一同十八日、自今日古市迎福寺辰巳以古具足一字建立事、

唐招提寺念佛千燈會

一同十九日、招提念仏千燈會事今日沙汰遣云々、

畠山義就を惣領と爲す

一同廿一《廿日》日、畠山子息（義就）十二歳召出、令元服立惣領云々、可成八幡法師由兼雖申之、俄如此沙汰事有子細歟云々、

新木荘夫賃を今市押取る

一同廿五日、新木（添下郡）夫賃今市此間押取之間、今日長井下人ニ懸之可弁沙汰之由仰付了、」（54ウ）

菩提山に科錢を懸く

同廿七日、竹事令所望、菩山ヘ令所望處、申子細不出之間、懸科錢了、二十貫、

法雲院實意中風

一（十二月二日）實意（法雲院）僧正自去廿五日中風、半身不叶云々、

一同廿三日、實盛息女遣山村武藏（胤慶）妻云々、

因明講始行

一同廿六日、於社頭因明講仰付實耀（知足坊）法印始行事、

文安六年正月

節分

三日、節分、四日、立春也、

○以下餘白アリ、マタ別記ヲ載スルモ、別ニ收ム、

（表紙題簽）
「安位寺殿御自記　二十一」

（表紙、別筆）
「寶徳二年
要抄
經覺」

（原表紙、自筆）
要鈔
經□（覺）

（原寸縦二七・五糎、横二一・二糎）

〔寶德二年〕

○第一・第二丁白紙、

〔正月〕

○前闕、

」、

（3オ）

□〔二〕□〔日〕、□〔丁〕□〔未〕、霽、

□〔少〕□〔御〕□〔析カ〕如例、

齒固　□〔一〕□〔齒〕固・湯菓子等如例、日中時分昨日湯菓子□〔出〕□〔之カ〕、面々祝着歟、一瓶同出之了、

□〔一〕□〔懃〕□〔行カ〕事、如昨日、

千秋萬歳　一千秋万歳來、鏡一面遣了、

三日、戊申、霽、

少御料　少御析如例、

一勲行三ヶ日同前、

□〔一〕歯固・節供等如例、手長・役送〔×▒▒〕同前、

次節供

（3ウ）一次節供在之、

一朝昨日湯菓子出之、面々祝着了、

四日、己酉、雨、

呉器

自今朝呉器也、如例、

□〔一〕自□□〔己心カ〕寺円鏡等給之、申祝言之間、本望之由□了、

□□〔五日〕、庚戌〔戌〕、

尋尊に祝言を申す

遣状於門跡〔大乗院尋尊〕、申祝言了、使木阿也、

楠葉西忍

一楠葉〔西忍〕來、

□〔六〕日、辛亥、

湯那鏡

□湯也、湯那鏡一面□

（4オ）□〔一〕□〔隆カ〕舜榼・円鏡等給之、仰□了、

舞女

□〔一〕□着之鏡付舞女進□取傳云々、

千巻理趣分結願

□〔一〕□〔千〕□〔巻カ〕理趣分結願了、所願成□〔就〕□濟〱、

本願寺圓兼等に鏡を贈る
若菜御料
松岡信安
一萬卷心經發願
慈恩院兼曉寂す
古市胤仙春日社に參る

□〔一〕□円鏡大谷〔本願寺圓兼〕、鏡丹後〔下間玄英〕、今日上遣了、
□□〔七日〕、□□〔壬子〕、
□□□〔少御料如カ〕例、
□〔一〕□□□〔若菜御カ〕祈如例、日中着衣祝着了、如□以土器等進□〔小カ〕膳之間、可爲呉器之由下知了、
□〔一〕□〔立〕野松岡〔信安〕鏡・筒進之、仰神妙之由了、
八日、癸丑、
辰刻心經發願了、三ヶ日ニ一万卷可讀之由存者也、」
（4ウ）
一仁王經十座仰付了、
一藥師呪千反唱之、
九日、甲寅、
□□〔今日カ〕も心經讀之、
□〔一〕□□□〔慈恩院〕□〔兼曉〕僧正逝去云々、自去年虚氣也、（兼曉寂スルコト、大乘院日記目錄・大乘院寺社雜事記本年正月九日ノ條ニ見ユ、）
□□〔十日〕、□〔乙〕卯、
□□□〔古市胤〕仙社參了、愚身も可社參之由、兼雖令□□〔横カ〕根ヨリ物タル、間略了、而神人來□
□處、行水後社參不可有子細之由申間、□沙汰也、吉曜故也、

一萬卷心經結願

〔一〕□□（清寛）懃舜房、付衣・大帷、來、兩瓶・白□（壁）□、

（5オ）

〔一〕□□三ヶ日之内一万卷心□（經）□間、」□□（結願カ）了、

旬講問

〔十一日〕□□□、□（丙）辰、

〔旬講問〕□□□二座・金剛經一卷讀之、法樂了、

大乘院覺尊忌日

〔一〕〔新宮忌日〕□□□□□（大乘院覺尊）也、懃行如形修之、

尋尊維摩會研學得請

〔一〕〔研學カ〕□□□□（禪カ）定院禪師（尋尊）得請云々、三綱玄兼寺主、請取兼雅禪師（松林院）云々、（尋尊維摩會研學得請宣下ノコト、大乘院日記目錄・大乘院寺社雜事記本年正月十日ノ條ニ見ユ、）

〔十二日〕□□□、丁巳、

泰承等物を經覺に進む

□（泰）承得業・玄兼權寺主・祐盛等來了、

榼一・素麵・白壁、泰承　榼一・白壁玄兼寺主

榼一荷・柿・白壁・帶五筋祐盛也、有小盃、

泰經茶を進む

又泰經僧都茶十袋賜之、」

（5ウ）

十三日、戊午、

古市胤仙經覺を招請す

□（古）市胤仙招請之間向了、有湯等、終日之活計□（也カ）、事儀前々無相替之間、不能記之、歸宅之後、□腰皮裘、・杉原一束進之、兒兩人龍守杉原・帶、如意賀檀紙・帶、□云々、

興福寺心經會 尋尊始て幡を出す

□(一)□(於)□(興)福寺者心經會云々、禪定院禪師（新得業）始出幡云々、□(祭)□(冠)□(師)修理大夫友幸(幸德井)、狩衣・指貫云々、奉行五師淸乘律師、□人、五師二人出仕云々、門跡□幡兩人出之、□□性房、・良弘□(專)長房、云々、一

題名僧

乘(教玄)□(院)□題名僧□之云々、」

（6オ）

○コノ間、五～六行分空白、

□(十)□(五)□(日)、庚申、霽、

□(粥)如例、予着藝(褻)衣祝着了、

左義長

一胤仙來、於地藏堂佐毬打可見物之由申間、老骨身出頭無益欤之間斟酌了、兒兩人出之了、」

（6ウ）

十六日、辛酉、

理趣分十六卷・普賢延命呪千反・不動合行呪千反唱之、

□(十)□(七)日、壬戌(戌)、

講問結願の卷數

□得業以狀講問結願卷數進之、去十一日□欤、

□(一)□奈良、明日爲上京都也、

□(十)□(八)□(日)、□(癸)亥、

年厄を拂ふ

□(爲)□(拂カ)年厄八幡へ可參之由、仰付□(木)阿了、則□□(進カ)之、又用□(途)五百六十文遣了、」

（7オ）

長谷寺法樂

□(一)□(觀)□(音)經六卷□(讀)之、法樂長谷寺了、又□(少)呪等□(唱)□(之カ)、又安位寺へも少呪千反唱之、

大乘院孝尋月忌

(一)□□□□□□□□(後已心寺御房月忌)也、懃行如形□(修)之、

經覺甲斐常治等に榼以下を贈る

(一)□□(大乘院孝尋)上之、
□□(榼)荷　蜜甘(柑)一折　柿二連　甲斐(常治)
□□(榼)荷　円鏡一面　柿一連　加ゝ嶋
□□(榼)荷　柿　大嶋(應カ)
□(榼)二荷　白壁二合　柿　大和守(飯尾貞連)
鏡一面・柿一連、九条一条尼公(九條滿家妾)・春日局・堀川局(九條成家母)各進之、菓子一合廊御方故殿(九條滿家)母儀、進之
畢、

(7ウ)

敵方路次を遮断す

鏡一面・柿不斷光院端坊遣了、以横行上之畢、元興寺領人夫少ゝ以夫質(賃)出之分者也(〆也)、
其故ハ敵方路次ヲ遮而欲取之間、爲遁其難也、

厄落

(十九日)□□□、甲子、
□□(八)幡厄落也、木阿定參欤、
(廿日)□□、□(乙)丑、

連歌

□當坊(迎福寺)ゝ主連哥頭役懃之、於予□□之、□□(發句カ)坊主、

(8オ)

□中垣廣□春霞、

納豆久喜

九條經教月忌

旬講問

太子法樂

梅賀丸舍弟春福丸來る

足利義教忌日

內山院主實濟古市胤仙の城に護摩を沙汰す

(一二)□□僧正筒一・江州納豆卅・栂尾久喜一桶・□褁給之、悦遣了、

□□□(廿一日)、□(丙)刁、

□□□(故太閤)(九條經教)月忌也、備進靈供、致少懃行了、

(一二)□□□(旬講)問以下如例、

廿二日、丁卯、

如意輪小呪千反唱之、法樂太子了、

(8ウ)(一二)□清承來、慶有・慶実來、有小盃、清承杉原一束・扇三本給之、又梅賀兄弟春□(福カ)來、」各退出了、

廿三日、戊辰、

(細□來一族等)□咊(與)能之祝着云々、吉阿奉行了、

□□□(廿四日)、己巳、

□□□(地藏懃)行如例、又普廣院(足利義教)忌日也、致少懃行□□(奉訪カ)了、

(一二)□□於胤仙(古市)城、內山実濟僧都護摩沙汰之云々、筒一□籠給之、

一吉阿向奈良、爲上京都也、 ○コノ一行、前行ノ下ニ書ス、

□□□(廿五日)、□(庚)午、

□荒神祓爲之、代官遣龍守了、

(9オ)□(一)□(一)於社頭三万度在之、南北郷民等沙汰之云々、□中加下知歟、

□(一)□(心經廿ヵ)□五巻讀之、法樂天滿了、又融通念仏□(千)□(二)□(百)反唱之、

□(一)□(古)□(市)□(胤)仙向越智云々、爲乞暇來了、豐田頼英モ□也、

□(廿)□(六)□(日)、辛未、

□(故禪)□(正林)尼正忌也、仍招引僧衆、當坊四人・文殊房・□□庵兩人、合七人召之、能(與)小膳了、

愚身幷兒兩人會合、法花經一部仰付弥勒堂法師讀之了、予又四(要)用品讀之、備進靈供了、

故御房(大乘院孝圓)幷禪尼分也、又壽量品讀之、爲訪故御房月忌也、

(9ウ)一敵方物云在之、方々用心事加下知了、播州(古市胤仙)留守也、非無怖畏者也、横井有火事、

廿七日、壬申、

上北面良重琳專、逝去云々、何日哉、不便、今日□(葬)礼爲之云々、依爲鬼病人以不訪之、又無□

□者、仍葬礼之躰微々無極云々、

□(廿)□(八)□(日)、□(癸)酉、

(10オ)□(荒)□(神)□(呪)・聖天呪・不動呪各千反唱之、

□(廿)□(九)□(日)、甲(戊)戌、

荒神祓
社頭三萬度
天滿法樂
古市胤仙越智に赴く
經覺亡母正林正忌
大乘院孝圓月忌
筒井勢に備へしむ
上北面良重死去
鬼病

□□□〔談カ〕旨尋了、未分明云〻、重可申入之由返答也、□□申之、実儀者雖不一二、至梗概者載所存了、□□者也、不及尋巨細、依有急用罷歸了、

□□〔卅日〕、□〔乙〕亥、

□〔魔〕界廻向之理趣分一巻讀之、」

（10ウ）

二月小

朔日、丙子、

□〔千〕德万福幸甚〱、

旬講問

□□〔一〕〔旬〕講問以下如例、普賢延命呪千反・不動合行呪□□〔千反〕唱之、又自讀千巻心經讀之、

□□□〔一〕〔古市カ〕一瓶・兩種給之、

□□□〔一〕〔餅祝カ〕〔胤仙〕着之、

□□〔二日〕、□□〔丁丑〕、

帯刀

□帯刀与一給暇了、依計會也、

□□〔三日〕、□〔戊〕寅、

信貴山法樂

時正に入る
蔥白を服す

興福寺別當西南院重覺修二會番頭の事を觸る

田原榎木跡を田原武藏の子に附す

慈恩院兼曉寂するにより薪猿樂を停む

相國寺僧周嚴來る

□□□（爲信貴カ）法樂、講問一座修之、」

四日、己卯、

自今日入時正了、仍恆例百万反念仏唱念之、不謂淨不淨先恆例也、仍服葱白了、

（11オ）

□（一）下部八郎召置之、三郎給暇了、

五日、庚辰、

自寺務（西南院重覺）以使者修二月番頭〈東金堂〉事觸給之間、遣領狀畢、

□（一）彼躰和談事、直尋聞了、事外懇也、

□（一）田原榎木殿跡事、今日仰付田原武藏子了、用途三百疋進之、

六日、辛巳、

薪猿樂事、依兼曉（慈恩院）僧正逝去無之、仍目代方米同不出之云〻、

七日、壬午、

（11ウ）

鷹司冬家公息禪〈相國寺〉僧周嚴首座來臨、不思寄者也、虫火十廷（挺）・扇一本・杉原十帖給之間、花瓶一〈胡銅〉、・引合十帖遣了、有小盃、見參了、

八日、癸未、

□（藥）師呪千反唱之、

慶實上北面良賢を刺殺す

九條家領能登若山莊年貢無沙汰

念佛結願

古市胤仙奈良を攻む

旬講問

大乘院覺尊忌日

矢師に手負あり

經覺畠山持國甲斐常治に卷數以下を贈る

九日、甲申、

今日於禪定院慶実筑後房、与上北面良賢順□（慶カ）房、口論、而爲慶実上北面良賢一刀被突了、無程令□（死カ）亡云々、於慶実者（直）逐電了、以外之次第也、

（一）□自九条下司所給人、若山（能登珠洲郡）年貢無沙汰事也、

（十）□日、乙酉、念仏結願了、

有湯、入了、

一古市播州（胤仙）罷出、奈良へ矢入爲之、於西井口有矢師云々、　○コノ一行、前行ノ下ニ書ス、

（一）□明（實盛）教旅宿屋上ニ犬上了云々、

十一日、丙戌（戌）、

（旬）□講問以下如例、

（12オ）

（一）（新）□□（大乘院覺尊）宮忌日也、少勤行爲之、

（一）□人語云、昨日矢入宝來一族一人被射殺云々、惣而手負四五人在之云々、

十二日、丁亥、

卷數一合・榼二荷・柿二連管領（畠山持國）、（榼脱カ）一荷・柿二連・白壁一合□、榼一荷・柿一連・白壁一合甲斐（常治）所へ遣了、□□（吉阿カ）相副上了、

専守高野山に於て死去

□□〔専〕守明善、於高野去十日逝去之由告之間、子兩人実盛・専親、俄觸穢了、無人之折節諸事及闕如者也、

一楞藏主來、[illegible]茶一裹賜之、有小盃、直向芥山云々、

賢秀の妻は専守の女

一中務賢秀妻女專守息女也、觸穢之間、五ヶ日間賢秀可穢之由申之、孫於梅賀服〔者脱カ〕ヲヌキテ門跡〔大乗院〕ニ」祇候、舍弟春福丸同前云々、

(12ウ)

功徳湯

一功德湯在之、予入了、

一吉阿下向了、

十三日、戊子、霽、

九條顯行院

遣慶陣於九条了、依顯行院事也、

醫骨者

□藏春來、醫骨者也、元禪僧只今白衣也、

藤原知了幸徳井友幸の女を娶る

□藤原知了迎妻女云々、陰陽師友幸〔幸德井〕息女也、

□召仕者兩三人出之、明教・春円觸穢之間、番事自今夜二番ニ成了、

上野房祐光の一周忌に卒都婆を立てしむ

□□〔召カ〕彥三郎男、去年被打上野房〔祐光〕一廻來十六日也、卒都婆一本可立之由可仰遣後室旨仰含之、用途一結・杉□〔原〕十帖遣了、」

(13オ)

□□〔十四〕日、己丑、天曇、日暖也、高溫欤、

舎利禮
清憲辛夷の枝を進む
菩提山の材木失墜により年預等を召す
古市胤俊等戰死者の正忌
功德湯
九條不斷光院端坊下向

□清來、
〔一〕□遣左衞門次郎於小泉（重榮）了、
〔一〕□慶陣下了、
〔十〕□五日、庚寅、霽、
〔講〕□問一座・舍利礼十五反唱之、爲報尺尊之恩德也、
〔一〕□清憲興善院、コフシノ枝濟〻賜之、仰賞翫之由了、
一菩提山ニ伐置木取ニ遣處、失壁（墜ヵ）了、是併可爲山僧所行之間、年預幷夏米沙汰人急可來由
仰遣了、爲糺明也、

（13ウ）

十六日、辛卯、霽、
去年被打琳專良識房、・英円勝順房、・（古市）胤俊中務男、・祐光、上野房、今日正忌也、光明眞言等誦之訪了、
今更不便無極者也、
一有功德湯、入了、
〔一〕□□実・良宣・式部男・順堯法師來了、
〔一〕□〔不〕□斷光院端坊下向國中之間、波多森（添上郡）ヲ通云〻、仍及晩上者可被來宿由仰遣之間、則被來、
尼衆□人・齋戒三人・中間・下部以下也、

古市胤俊一周忌を白毫寺に行ふ
菩提山年預に下知す
珍藏院宗秀申子細あり
經覺不斷光院端坊を饗應す
楞藏主來る
甲斐常治越前河口莊細呂宜鄉につき返答す
大乘院孝尋月忌
菩提山年預下部以下の名字を注進しがたき旨を申す
經覺盗人の糺明を命ず

□（一）□（去）年被打中務胤俊一廻作善、於白毫寺沙汰云々、
□（一）菩提山年預代來之間、山中夫衆分者幷下部□十三已上、分可注進、可仰付子細在之旨下知了、
□（一）□（中）務男賢秀來、宗秀（珍藏院）得業依有申子細也、心中之趣□（仰カ）含了、」
（14オ）
□（十）□（七）日、壬辰、
□（端）坊今朝粥時（齋）以下饗應了、懇被悦喜了、則［　　］中云々、
□（一）□（楞）□（藏カ）主來、自內山（永久寺）歸路云々、詩事作分令［　　］、又▨語自分作之、有興者哉、
□（一）［　　］恩事問答了、仍令承伏○（返）給之（×了）畢、
□（一）［　　］給暇了、則向丹波云々、
□（一）□（細）□（呂）□（宜カ）（越前坂井郡）上下方事、嚴密下知之由、甲斐返答者也、
十八日、癸巳、
後已心寺（大乘院孝尋）御房月忌也、懃行如形修之、
一𦬇山年預來申云、下部以下名字事、無先規事間、難注進候、肝要彼木取之躰事、可相尋試之由令返答之間、仰云、此木失（墜カ）壁之後、卽時入人於心中（山カ）坊々、雖可求之、依相似無故実之間、下僧等・」童等以下召出、以嚴重起請文可糺明處、申子細者、山僧等令同意、此
（14ウ）
木ヲ令盗犯条顯然也、所詮於先規菟もアレ角もあれ、就是非一兩日內可注進之、不然者

森田帯刀伊賀に赴く
法服を借用
大乘院實尊正忌
星來下日
經覺唐橋在豐等に顯行院の事を申遣す
楞藏主に風呂を遇す
旬講問
九條經教月忌
清憲楞藏主のために風呂を立つ
毛湯
軍勝記

路次止テ可行嚴科之由仰含了、
(一)□森田帯刀給暇了、依計會也、則向伊賀云々、
□□□(十九日)、甲午、
□□會式斫法服事、立野棧敷法師借用□(松林院)貞兼僧正遣了、申狀難默止之故也、
(一)(後 廾)□□□(大乘院實尊)山御房正忌也、懃行如形沙汰了、
(一)(爲 星)□□□來下日之間、當年星呪三百反・理趣分□(三)卷・普賢延命呪三百反唱之、

(15オ)

(廿)□日、乙未、
式部大輔在豐(唐橋)卿・八条実世朝臣・河内守在安(石井)兩三人方、顯行院事仰遣旨(×方へ)在之、
(一)(有)□□風呂、入了、
(一)(楞)□□藏主來、則入風呂了、歸宅之後談話(×▒▒)、(×入)及□(晚カ)向古市宿所云々、

廿一日、丙申、
旬講問以下如例、
一故大閤(九條經教)月忌也、備進靈供、如形懃行了、
一爲楞賓清憲顯(願)勝、立風呂可入哉之由伺申間、入了、有御毛湯等、

(15ウ)

一軍勝記一卷楞藏主讀之、

廿二日、丁酉、

太子法樂

如意輪小呪千反唱之、法樂太子了、

□□(廿三)日、戊戊(戌)、霽、

一切經納所尊英寂す

清寛一切經納所職補任を望む

□林院尊英法印昨日逝去云々、寺門法印一﨟□門弟之舊老也、可惜可歎者哉、仍一切經納所事有競望、然而不及執達、爰清寛勘舜房、興發心院、稱□□(兼約カ)可申給之由來申、返答云、於清寛者非成業也、□有其例歟旨仰了、（大乘院日記目錄、尊英死去ヲ二月二十三日ト爲ス、）

花見遊覽のため白毫寺に赴く

和歌あり

猿樂尊若男

(16オ)□□(一二)見花可遊覽歟之由、古市播州來申之間、」□向白毫寺、予板輿、龍守・如意賀・□(清)憲・光英・堯弘・憲英・宜胤(古市)以下□□(令同カ)道了、播州又召具一族以下濟々□、於辰巳坊茶以下在之、有和哥、其□□□□(衆寺僧兩カ)人・播州・清憲・光英以下也、□□(入カ)湯了、上後有獻盃、彼寺僧兩人・辰巳坊・寂靜院有砌手責伏了、然後趣(赴)歸路之處、猶追付門下有盃酌、及音曲乱舞了、猿樂尊若男、予受盃舞之間、遣大刀了、事了以歩行之儀、面々令同道了、老狂之至太不可說者也、薄暮之時分歸迎福寺了、」

尋尊隆舜をして清寛を一切經納所職に補任すべき旨申さしむ

經覺同意せず

經覺への補任錢治定せず

(16ウ)一隆舜奉行ニテ申云、一切經納所事、今日被補清寛之間、可令申入云々、返答云、彼納所事子細異他、以非成業之身被恩補之条、以外之次第也、仍今朝來申間、其子細直にも仰含了、而猶直歎申給之条大(太)不可然候、就中これへの補任錢事、未治定、旁以□□(清寛カ)申狀

存外無極者也、所詮楚忽ニ□□奉書躰在之、就奉行可行其□由仰遣了、」(17オ)

□□〔廿四〕日、己亥、

□□門跡有不審之間注遣之、

大乘院納所事　愚身時代終不補之、不分明者也、

□〔院カ〕入納所事　任料五百疋

□〔惣〕藏司事　任料六百疋

長屋納所事　任料千疋

□〔一〕一切經納所事、有被申旨之間、昨日御補任先被延引之由、隆舜申給了、爰清寛來申重ゝ歎申間、仰背本意子細了、然而種ゝ歎申旨在之、就中以非成業之身居職不可有先例之由、堅仰含上者、立名代可申給御補任、次門跡へ万疋、往〔垸〕飯代千疋、合万千疋、これへ五十分可沙汰之由、重ゝ□□□〔問答之カ〕處、四十分之由」(17ウ)領狀了、仍可被補歟之由、遣奉書了、

廿五日、庚子、

天滿法樂心經廿五卷・文殊呪千反唱之、

□〔一〕以中務男、自門跡彼納所事子細被申給之、心中之趣演說了、

□□〔一〕〔立〕野奧法師借用裝束返賜了、

尋尊に任料の先例を示す

大乘院納所

物藏司

長屋納所

一切經納所職補任延引

清寛經覺に補任を望申す

非成業たるにより名代を立つ

經覺への補任錢四十貫に治定

天滿法樂

尋尊賢秀をもつて一切經納所補任の子細を申す

清寛を一切經納所職に補任す
名代觀延房慶實河口奉行隆舜
詮英英算宗秀も一切經納所職補任を望む
大乘院孝圓及び經覺亡母正林忌日
古市胤仙經覺を吉野參詣に誘ふ
經覺巫女に可否を尋ねて同道を諾す

〔一〕□一切經納所事、今日補清寛云々、但凡僧事不可有先例之由、自是依仰子細、名代觀延房律師慶実ヲ立之由申給了、奉書□〔奉カ〕行隆舜、河口奉行、使北面良宣有舜房、□〔下カ〕向云々、如例料足三百疋引出爲之云々、」(18オ)□說也、奉行分五百疋云々、

□今度望申者、詮英覺禪房律師、・英算順學房律師、・宗秀延恩房得業、云々、於詮〓〔英〕者、無爲令申沙汰者、門跡分有限百十貫、是へも八千疋分可契約之由申給之、然而門跡心中就□讀之号、且又兼約之間、可補清寛旨堅固□〔間カ〕、不及執達者也、至英算者、七千疋分是へ可出旨、以古市以下懇望申了、然而同篇返答了、

一融通念仏千二百反唱之、

一宮千代直垂、來了、」(18ウ)

廿六日、辛丑、

故御房〔大乘院孝圓〕幷禪尼〔正林〕忌日也、備進靈供、致懃行了、

一有小献、爲翫宮千代也、

廿七日、壬寅、

播州來申云、明日可參吉野〔吉野郡〕、以次可見花之由相語之間、年來之所望也、仰之儀無相違者可相伴之由仰了、仍御子ニ相尋之處、仰之儀不可有相違之由返答之間、予今朝服忍辱〔大蒜〕、

精進湯に入る
清寛補任錢四十貫の內千疋を沙汰す
岩井川にて水浴
春日社に代官を進む
隆舜榼以下を經覺に進む
中臣祓
散華
吉野參詣
古市胤仙供奉す
安部文殊堂に參る
橘寺に著す
吉野に著し藏王堂等に參る

龍守今朝魚食爲之、然而入精進湯、直向地藏堂經庵室了、自其別火也、
□(一)□□(宮千)代歸門跡了、
(19オ)
□(一)□□□(一切)經納所是へ沙汰事、四十貫ニ治定了、其」□(內カ)且千疋今日沙汰云々、
□(一)□刻向岩井河浴水了、又春日社へ進代官畢、又於精進屋妙覺悉(心)地祭文讀之、
□(一)□(隆)舜榼一荷・苔十帖給之、仰不思寄之由畢、□(於)精進屋祝着了、
□(一)於宮前有湯、胤仙立之云々、以其篠葉打拂了、□(予カ)中□(臣)祓沙汰了、又召御子サンケ沙汰了、
廿八日、癸卯、
卯刻立精進屋參詣吉野、予板輿、々舁二人、播州二人召給之、小者一人、龍守乘馬、對(覺朝)馬・吉阿召具了、幷古市播州供奉馬上五六騎也、至安部(十市郡)邊乘馬一族六七人在之、又楊本人三四人召給、至三輪(城上郡)召具了、以次參安部文殊了、
(19ウ)
午刻着橘寺(高市郡)、日中胤仙用意之、於橘寺內廻廊南坊ニ用意了、知事等來而申礼了」於歸路者自寺可用意日中之由申之、申刻付吉野了、先藏王堂幷下御前ニ參了、自其宿坊尺迦院、着了、坊躰散々也、於古市者各別宿坊云々、
一荒神呪・聖天呪・不動呪各千反唱之、
廿九日、甲辰、雨灑、

藏王堂開帳により參詣す吉野の櫻花を賞す

古市胤仙同宜胤等と和歌を詠ず

今日藏王開帳爲之、則參詣了、幷上下兩社(上御前・下御前)・□(安カ)全(愛染)□(寶カ)塔等參詣了、路次踏花頭戴櫻花□(雨)灑、思櫻狩之古哥、山路之氣色自然而、□(往カ)反之爲躰太思出者也、予或輿、或歩行、兒・播州・宜胤(古市)等各歩行也、早旦出未刻□宿坊而至八過、宿坊爲躰冷然無極之間、□計會了、可謂一興、樣〻ニ申下刻」(20オ)□□等在之、面〻色ヲ直歟、今度參詣ニ興□以下雖多之、以此爲第一歟、今日於路次、予・龍守・胤仙・宜胤等詠和哥、忘山路冷難畢、

□(一)宿坊〻主見參了、白布二端・杉原一束遣了、□(此カ)外無煩者也、但於坊布施者、宿分上下□(已カ)」下六人、於其餘者悉置胤仙等宿了、其分百疋云〻、

(20ウ)

中臣祓

吉野の歸路橘寺に寄る

長老は淨瑠璃寺逆修に赴く

三月大

朔日、乙巳、霽、天曇、

一千德万福幸甚〳〵、祝着者也、

□(一)懃行事、普賢延命呪千反・不動合行呪千反・自讀千卷心經讀之、中臣祓爲之、

□(一)卯下刻立宿坊、巳刻着橘寺了、繪殿寶物□(等カ)大都一見了、其後歸宿坊有少膳等幷点心、雜紙少〻引出、兒幷胤仙(古市)・宜胤(古市)□之云〻、長老者淨瑠璃寺逆修ニ向云〻、則歸了、未初點立

迎福寺に歸著

橘寺、申半刻着古市迎福寺了、安部・櫻井以下ヨリ迎□濟〻、一族以下大略來了、馬上及□〔三カ〕四十騎了、又楊本若黨四五人給之、」□三輪來了、自楊本所給暇了、

（21オ）

旬講問

□〔一〕□之後旬講問二座・金剛經轉讀依窮屈也、行了、

□□〔二日〕、丙午、霽、

祐盛用途百疋を進む

□〔祐カ〕盛來、用途百疋給之、不思寄者也、有少盃、□〔善〕性〔成舜〕・舜信〔懷全〕等來了、

三日、丁未、霽、

桃花勸盃

桃花勸盃之儀如形在之、

風呂

一風呂自是立之、入了、

尋尊一切經納所補任の際の處置を謝し用途千疋を進む

一就一切經納所事、自諸方雖有申旨、不及執達之条畏悅無極之間とて、千疋以中務〔賢秀〕給了、不思寄者也、」仍懇謝申了、

（21ウ）

一明後日可上京都木阿今日出門了、

經覺尋尊に榼以下を贈る

□〔一〕遺龍守於門跡〔大乘院尋尊〕了、爲礼也、榼一双・兩三種遺了、

四日、戊申、

明日爲上京都、木阿向奈良了、

八峰山の茶

□〔一〕八峯山茶今日初沙汰了、

越前河口莊細呂宜郷の事につき任英に上洛を命ず

□(一)召任英、爲門弟使節可罷上之由仰含了、爲細呂宜(越前坂井郡)事也、自門跡依申之也、

五日、己酉、

□(入カ)夜龍守歸來了、

□□(六日)、庚戌(戌)、

□□法橋來、榼一・白壁一合持來了、有小盃、

白壁　昆布

□□(一)英・光藝兩人榼一双・白壁一合・混(昆)布等□(持カ)來了、有小盃、」

菩提山法師春覺菩提山寶殿屋敷に坊を造る事を願ふ

(22オ)

□□(一)(卉)山宝殿屋敷事、以古市卉山法師歎(春覺)□(申カ)旨在之間、傳仰門跡了、可造坊間事也、［　］不可然事也、自是執達上者、不可有子細［　］徒坊不可然、可爲學衆面之由被申給了、□［　］趣仰含了、

七日、辛亥、

興福寺領山城九條莊米につき井上榮專福智堂定憲相論す

□□□(一)(召カ)田大郎左衞門、九条庄(山邊郡)御米井上与(榮專)福智堂(定憲)相論事、無爲可沙汰之由仰含了、

古市胤仙鯉を進む　門跡北面

古市胤仙鯉於出、兩童相副一瓶了、仍少飯等加下知、面々可賞翫之由仰付了、門跡北面善性・舜信等來了、

福智堂定憲調停に應ぜず井上榮專の質物に取る馬を出さしむ

(22ウ)

一九条庄御米事、福智堂返答以外不取入之趣□(也)、」仍重条々仰遣了、先讃岐房(井上榮專)質物ニ所取馬ヲハ可出之由仰含了、仍出云々、

十座法師原をして榼以下を京都に上さしむ
尋尊も榼等を甲斐常治に贈る
山城守護代隅田佐渡入道菅井荘管領を望む
功徳湯
一切經納所清寛に未進分を催促す
賀留荘年貢未進分を請人越智家榮に催促す
古市城連歌
京都仕手六角堂專順
清寛一切經納所任料未進分を沙汰す

(一)□召十座法師原、榼共可上之由仰含了、仍三人來間、榼四荷・花甘(柑)子等(衍カ)・白壁等遣了、

(一)□自門跡使而善性可罷上云々、甲斐(常治)所へ榼等可遣之用也云々、仍可申子細等仰含了、如此自門跡被上北面之間、不及別宰領、仰付善性了、木阿在京之故也、

(一)□□(自室カ)生有書狀、遣返報了、

□□(八日)、□(壬)子、

□□(藥師)呪千反唱之、

(一)□(祐カ)盛來、山城國菅井庄(相樂郡)事、守護代隅田佐渡入道可□下之由望申云々、此条難堪、可如何哉之由來申間、」□(可カ)及了簡之由返答了、

（23オ）

□□(九日)、癸丑、雨、

□□(有功)德湯、予入了、

(一)(一)□□切經納所清寛所進分殘貳十貫未到之間、催促了、

(一)□(賀)□留庄(高市郡)年貢五百疋分未進之間、依爲請人、爲催促下人於越智家榮所了、

十日、甲寅、

於古市城有連哥、京都仕手六角堂專順法師ト云者也云々、

一一切經納所任料此方分以前二十貫、只今廿貫沙汰了、則四千疋分慥到來之由、遣請取了、

請取状

旬講問

大乗院覺尊忌日

越智家榮賀留莊年貢催促す

春日若宮に神樂を進む

室生寺橋供養願文を經覺に依頼す法海上人

請取　一切經納所被進料足事

合四拾貫文者、

（23ウ）

右、自東〔清寛〕發心院御沙汰、所請取状如件、

寶德二年三月十日　　納所吉阿判

十一日、乙卯、

□〔旬〕講問二座・金剛經以下如例、

□〔一〕爲新宮〔大乗院覺尊〕忌日間、如形令懃行了、

□〔一〕□〔有〕功德風呂、入了、

□〔一〕□□〔賀留〕庄年貢無沙汰事、嚴密申付之由、〔越智〕返答了、

□〔一〕□□〔古市〕〔胤仙〕播州茶一褁給之、

□〔一〕□□〔倉ヵ〕坊尊林房・玄忍房來、茶廿袋・杉原十帖・扇給之、□〔仰〕不思寄之由了、

□〔一〕昨日若宮殿御神樂進之、用途百疋也、

（24オ）

□□〔十二〕日、丙辰、

□□〔室生〕寺橋供養願文事、俄申之間、計會者□〔也ヵ〕、□法海上人事、異他仁也、難默止之間、

□〔可ヵ〕了簡之由仰遣了、

八峰山薗の茶

越前河口莊細呂宜郷下方沙汰人堀江左衛門三郎年貢究濟を約す

室生寺願文につき飛脚を京都に上す

實盛に用途以下を遣し父專守の死を弔ふ

古市矢負一人惡黨たるにより殺害せらる

京都より室生寺願文を沙汰すべき由返事あり

〔一〕□茶沙汰之了、八峯山薗也、

〔十三〕□□日、丁巳、

木阿下向了、細呂宜郷下方（堀江）左衛門三郎男無沙汰事、今月中一途可沙汰究之由返答云々、先以神妙也、

〔一〕□有功徳風呂、入了、

一就室生寺事、上飛脚於京都了、

一用途百疋・茶十袋遣明教〔實盛〕了、爲訪也、

十四日、戊午、

遣人於室生寺了、願文樣爲□〔談カ〕合也、

（24ウ）

一當所矢負一人依（爲）惡黨、於龍花院邊被殺害了、□惡黨事、殊播州加柄〔柄〕誡時分、以外腹立云々、

十五日、己未、雨、

自京都正市法師下了、室生寺事可申沙汰之由事也、

一恆例念仏六万反唱念畢〔〆也〕、

〔十〕□六日、庚申、雨、

鹿野苑八木收納

越前河口荘山城菅井荘を守護方所望す

山田八木借用

香蘇散を服す

山田借米の人夫に酒直を與ふ

立夏

長谷寺法樂

大乘院孝尋月忌

經覺室生寺に赴く

室生寺持寶院に著す

〔鹿〕（添上郡）□野苑八木今日收納云々、惠信坊負物分也、

〔一〕□□自門跡被申子細在之、北國方幷山城國□□〔菅井カ〕事守護（斯波千代德丸・畠山持國）徵望事也、所存分令返答畢、」（25オ）

〔十七〕□□日、辛酉、雨、

□人夫三人・横行七人・下部等遣之、於山田□〔八カ〕木借用了、副遣左衞門次郎幷慶陣法師畢、

一□風氣在之、仍服香蘇散出汗了、

一□山田借米召寄者共、雨中粉骨之間、各遣酒直畢、

〔一〕□自室生輿舁二人召給了、

十八日、壬戊〔戌〕、霽、立夏也、

小呪等誦之、法樂長谷寺以下了、

一後已心寺（大乘院孝尋）御房月忌也、懃行如形修之、

一今日可向室生之由支度之處、□□〔風氣カ〕猶不快之間、先一人遣之、明日可向之由仰了、導〔道〕具箱等遣了、」（25ウ）

十九日、癸亥、霽、

巳刻向室生寺、予板輿、龍守〈馬〉、如意賀〈輿〉、召具覺朝法師幷木吉・乙松・与一〔立野〕男等也、於輌田宮日中、自此方用意了、先々輌田房沙汰也、然而當時之儀斟酌而不仰之、酉初點付室

橋供養願文淸書

橋供養あり

十二天

舞十番
具足太平樂

御影供結緣

九條經教月忌

太子殿前に猿樂興行
經覺見物す

六番

生寺持宝院了、則長〔圓空〕老對顔了、

□〔二〕□試樂云々、

廿日、甲子、

□願文淸書了、以前願文引直子細在之、

（26オ）

□〔二〕□〔橋〕供養之儀、午刻在之、予乘板輿向橋、門ニテ□儀ヲ見物、自橋行烈〔列、下同ジ〕讃等在之、行烈至灌頂」□□〔堂カ〕、予付跡下乘輿向彼堂、於祈堂休所丁聞了、□〔導カ〕師香衣・同ケサ、水精〔晶〕念殊〔珠〕・五鈷ヲ所持、十弟子在之、持幡童兩人在之、十二天者、着腹卷、着甲之上ニ書天名了、式衆二三十人、於田舍者頗嚴重法事也、□〔供〕養之儀事入調在之、舞十番、此內太平樂者具足□〔太〕平樂也、希事也云々、予太平樂後窮屈以外之間、歸宿坊了、事儀悉酉半事終了、

廿一日、乙丑、霽、

有御影供、向灌頂堂結緣了、

一句講問二座・金剛經等如形讀之了、又故大閤〔九條經教〕月忌也、如例法花等讀之了、

（26ウ）

一於太子殿前、猿樂十二大夫令所望爲□〔之〕云々、愚身□〔もカ〕見物、長老も可見物、不然者可畧之由、被問答之間、無力向了、六番□□□〔沙汰了カ〕、」長老以下馬三疋懸之、予帷二・給一懸了、如說爲丁聞罷向之間〔×處〕、自然不及用都〔途〕、馬一疋をも不遣、背本意者也、寺沙汰又尩弱歟、不便、能

澤方と田口野尻方喧嘩に及ぶ

寂中於門前、澤方者与田口野尻方喧嘩、仍兩方方人相分、既欲及珎事之間、長老出門前
兩方相宥、屬無爲了、仍能庭興醒了、
□(一)有風呂、入了、及深更了、

雨のため歸宅延引

□□(廿二)日、丙寅、雨下、
□歸宅之處、雨下之間相待霽處、〇(霽時分)日既及日中□逗留了、寺煩甚爲痛、

太子法樂

□□(一)(如)意輪小呪千反唱之、法樂太子了、
□□(一)有風呂、入了、

桂漿の盃

□□(一)弟子空一房法會ニ相懸、愚身方上下事共毎事□行下知之間、沈一積入盆桂章、・杉原
十帖遣了、」

迎福寺に歸著

□□(廿三)日、丁卯、霽、
□□(刻)立室生、未刻歸着古市了、於鞆田日中□沙汰賜了、懇志之至也、但鞆田小法師
(27オ)
丸□構小盃、其躰比興也、

功徳湯

廿四日、戊辰、雨、
功徳湯在之、入了、

足利義教忌日

□(一)地藏呪等如例唱之、又普廣院(足利義教)忌日也、懃行如形修之、

奈良に奇事多し
猿澤の池に死人浮上
一言主社の狐
大佛の汗
一乗院塵塚に火柱立つ
繪師の喧嘩
猿澤池の水を替ふ
菩提山法師春覺坊舎建立の許可を請ふ

一或者語云、於南都希共在之、先去廿日比欤、猿澤池上死人浮上、若人身ヲナクル欤、不分明、是一、
於一言主狐神樂ヲ進ケル、是二、
一言主御供此間不取之云々、是三、

（27ウ）

大佛汗カ、セ給云々、是四、
元興寺吉祥堂張擧（幕カ）兩方端食切、是五、
於御社（春日社）猿ヲ猪食殺云々、是六、
於一乗院塵塚火柱兩度立正月卜今月初、是七、
御社安居障子繪、於勝南院因幡繪師所書之處、繪師共兩三人喧嘩、一人被殺害了、仍此障子令（×又）穢之間、別沙汰直云々、是八、
条々希以外之愼也、猿澤池ヲハ廿一日ニカヱ□井ノ水ヲ入云々、其日於池端友幸（幸德井）□□供沙汰之、御供共大風吹々倒了、是も□事也云々、旁以可愼〳〵、
（一）□木阿上京都了、
（一）（廾）□□山宝殿跡敷地許可事、依播州執達、遣（奉書カ）□□於春覺了、
（廿）□五日、己巳、

（28オ）

天滿法樂

講堂仁王講の際散華師一切經納所清寛昏倒す

延恩房宗秀一切經納所職補任を望む

經覺尋尊の清寛を一切經納所職に補任する事を難ず

大乘院孝圓弁經覺亡母正林忌日

越前河口莊細呂宜鄉下方沙汰落居のため榼を甲斐常治に贈る

經覺菩提山法師春覺の坊舍建立許可を尋尊に請ふ尋尊諾す

菩提山寶殿敷地の四至

□□(文殊)呪千反唱之、又天滿法樂心經二十五卷・融通念仏千二百反唱之、

□(一)中務男來申云、為寺門(興福寺)祈禱、自去廿一日於講堂毎日百座仁王講在之、而同廿二日散花師清寛勲舜房、一切經納所也、仏前ヲ廻時顛倒了、仍人々寄令皆尺(介錯)、以輿歸坊了、中風欤、又依冥罸(欤脫カ)、雖為何篇、不可有正躰哉、然者定可有納所闕、被恩補之樣可申入候、殊可加扶持旨、宗秀得業延恩房申之云々、事実者希代次第也、雖立名代、清寛事既中﨟也、以淺位之身、居寺門規撰之史職之条、恐冥顯、憚人望之由、再三仰遣門跡了、定禪(尋尊)公可存合欤、不可押者天道也、可憚者冥顯也、」

(28ウ)

廿六日、庚午、

故御房(大乘院孝圓)弁禪尼(正林)忌日也、如形懃行了、

一榼二荷上了、是為遣甲斐也、細呂宜鄉下方事、未落居故也、

□□(廿七)日、辛未、

𦬇山宝殿跡ニ可建坊舍之由望申之間、可有許可之由、仰遣禪公了、初雖(×被)被申所存、常光院以下既□(有カ)傍例之由仰遣之間、許諾了、仍自門跡被出□(奉カ)書、又自是可給之由申之間、同遣了、但防示(牓)□一大事也、別紙ニ遣之、

春覺建立坊舍敷地事、於菩提山宝殿御敷地、東南者山於限、西者大路於限、北者岸於

春日山にこんとい鳥鳴く

唐橋在豊下向
一條教房大將拜賀
陣下拜賀
教房縣召除目執筆

禁裏蹴鞠に足利義成候す
義成蹴鞠を催す
一條兼良鷹司房平二條持通洞院實熈等見物す

限、所有御許可也、仍爲後日證狀如件、

宝德二年三月廿三日

」

(29オ)

」裏判於加テ遣了、

〔二〕〔春〕□□日山コントイ鳥鳴云々、不宜事之由謳哥云々、

〔一〕□事以吉阿申遣了、内々可有許諾之由、且返答云々、尤可然□内心猶不解子細在之、當方之儀又以無心元者也、

〔廿　八〕□□日、壬申、雨下、

〔荒　神　呪カ〕□□□・聖天呪・不動呪各千反唱之、

〔一〕〔菅カ〕□□宰相〔唐橋〕在豐卿來、家門〔九條成家〕条々事爲申之也、相語云、〔殿〕□下〔一條兼良〕息左大將〔一條〕教房卿去廿六日大將拜賀、

自陣下四条大納言隆夏卿亭云々、可謂陣下拜賀可謂無念者哉、則自今日有除目執筆云々、

(文安六年二月十六日教房左大將兼任ノコト、公卿補任ニ見ユ、)

□日於　禁裏有晴御鞠、武家宰相中將〔足利〕義成卿爲御人數被參〔×▒▒〕云々、次語云、去廿日於室町殿有鞠、公家者共幷武家も細川兄弟〔勝元・成賢〕狩衣ニテ加其衆云々、公家衣冠躰共在之、而關白兼良公、・左大臣〔鷹司〕房平公、・右大臣〔二條〕持通公、・内大臣〔洞院〕実熈公、以下、令所望見物着座、其内關白出頭比興之由其沙汰云々、理所押輕々尤欤、」可〔×▒〕差指世也、着座躰ハ衣冠・直衣云々、

(29ウ)

茶會

唐橋在豊上洛經覺顯行院を上洛時の宿坊と爲さんことを請ふ

奈良より大鯉を贈る

本日大乘院孝圓正忌の勤行を沙汰す

興善院清憲弟子宗憲古市に下向

講堂仁王講中に奇事あり

幕府鞠會散狀

一入夜有素麵等、

一自去廿六日至今日茶爲之、三川房招請了、

廿□〔九〕日、癸酉、雨、

宰相公上洛了、以此次顯行院事、愚身上洛時可爲宿所由事以下、申遣家門了、

□〔卅〕日、甲戊〔戌〕、雨不定、

□〔自カ〕南都遣大鯉於兒共、召播州父子・兒兩人・□〔見〕塔院〔祐賢〕以下、能之畢〔與〕、

□□〔一、去カ〕廿六日故御房正忌也、忽以忘却、如例式懃行等沙汰之、□□〔以外カ〕次第也、仍今日當坊衆三人・文殊房・宝樹庵・懃西房□〔招カ〕請之、能時〔與齋〕以下了、幷靈供備進之、又法花經一部□□堂坊主讀了、予又四用〔要〕品讀了、」

（30オ）

□□□〔一、有風〕呂、入了、

□□□〔一、或者カ〕語云、淸憲〔興善院〕弟子去年出家、假名榮恩（実名宗憲）云々、南角院ニ□住、一昨日下向當所、語云、七（寺門）ケ日祈禱之內三ケ日有□〔不カ〕思儀、初日唄師良舜房実名忘却、唄ヲ引時、口□スシテ、フツ〳〵ト切了、假令ヒ、ノコトク□力先代未聞事也云々、第二日淸寛如上件、□□〔第三カ〕日又有希云々、子細語者忘却了、可□〔愼カ〕〳〵、

□〔一〕去廿日於室町殿鞠會在之、散狀、

公卿

殿上人

布衣輩

賀茂輩

見證座

（30ウ）

公卿

（宰相）□□中將殿　（正親町三條）実雅 帥大納言　飛鳥井（雅世）中納言入道　同舍弟（雅永）新中納言入道　資任卿 日野中納言

□ 教季卿 今出川中納言　公綱卿 三条中納言　（高倉）永豊卿 藤宰相　雅親卿 飛鳥井息 右衛門督　親通卿 奉行 中山中納言

殿上人

山科内藏頭 顯言朝臣　阿野中將 公熈朝臣　甘露寺 親長朝臣　（野脱）滋井 教國朝臣　裏松 勝光

兵衛佐、藤宰相子（高倉）永繼

布衣輩

細川兵部少輔 成之　同右馬助 成賢　山名左衛門佐 勝豊　赤松有馬 元家　伊勢備中 貞親

同舍弟 平貞藤

賀茂輩

松下 夏久縣主　秀久縣主　禪久　松下子 宮久

已上鞠人數廿六人

見證座

關白　鷹司殿 左大臣　二条殿 右大臣　西園寺（公名）前内大臣　三条（公保）按察

東北院俊圓興福寺別當職再任を喜多院空俊直任を望む一乘院大乘院の外の直任は停止す

□(三條實量)大將(右カ)　一条殿御方左大將　近衛(教基)大納言　松木中御門(宗繼)大納言　正親町(持季)左衛門督

宝徳二
三月廿日

□□□(寺務カ)事、俊円(東北院)僧正再任事申之、空俊(喜多院)僧正直任事□(申カ)之云々、共以過分事也、但當時良雅(勝願院)僧正
權官、□也、其外無其躰故歟、凡兩門(一乘院・大乘院)之外直任事、近來□停止了、今更空俊可出徴望哉、
併兩門跡爲躰依無正躰、見限之致如此之乱望歟、縱於門主者□(雖カ)無正躰、門徒ハ豈可閣所存
哉、不可說〳〵、」

(31オ)

四月小

□(朔)日、乙亥、霽、
千德万福幸甚〳〵、

旬講問

□(一)旬講問二座・金剛經等如例、又普賢延命呪千反・□□(不動)合行呪千反唱之、
□(一)□□(自讀)千卷心經讀之、

古市胤仙一瓶兩種を進む

□(一)(古市胤仙)播州一瓶・兩種賜之、仰祝着之由了、
□(一)餅祝着之、

經覺講堂仁王講大頭を勤む
表立
櫃渡
導師光舜五師
導師は已講が沙汰すべきなるも門弟中に無きにより五師に仰付く

(一)□□(祐カ)盛・専親出仕了、
一今日予當仁王講大頭、如先〻可沙汰之由仰付大納殿了、表立上北面二人良宣・成舜、櫃渡下北面一人宗信法師代官(懷弘)舜信法師、(懷全)也、表立者沙汰人所役、櫃渡者下文賦役也、導師光舜五師、唄・散花等內〻可相語之由仰付了、」導師事已講可沙汰之条、有限之儀也、然而門弟之內無其躰之間、仰五師了、五師懃仕事、良繼・良英等連綿之由、奉行隆舜依申之也、巨細注文爲後〻可召置之者也、

(31ウ)

觀禪院三十講

(一)□□(自)今日有觀禪院卅講云〻、

唄散華讀師に經覺分請僧を沙汰せず
布施物三役分三十疋
經覺請僧を沙汰せざる理由を問ふ

(一)□日、丙子、雨下、
自隆舜方申云、昨日仁王講無爲目出候、就其□(唄)・散花讀師事、御分請僧有限致其沙汰處、今度無其儀之間、導師として相語勞分沙汰了、次布施物一人別十疋、三役分三十疋可被下行□(由カ)申候、先〻雑帋一束つゝ御下行勿論候、然而□(廷)弱事之間、先伺申云〻、返答云、御分請僧不□(致カ)其沙汰之条、如何様子細哉、可相尋所存、次雖□□(廷弱カ)事、有限旨在之、今何可加增哉、然而既爲」□□私相語云〻、非有限之儀上、少事分濟□、今度ハ先可下行由仰遣

(32オ)

了、仍三十疋可遣旨仰付了、

不斷光院洗米

(一)□以五ヶ所十座法師原、八木六荷上了、是不斷光院洗米也、

楠葉西忍來る古市胤仙代官敵方引級を企つるにより殺害さる

(一)(西忍)□楠葉來、語云、只今罷通稗田(添上郡)之處、地下者被打畢、〇代官(古市)也、然而引合敵方、引入ヲ相企之間、雖爲年來之代官無力誅伐云々、播州依有運、此事令露顯歟、後之儀有憑者哉、彼和談事、自他之所存各別也、不可事行歟、

三日、丁丑、霽、入夜雨下、至五更霽了、

信貴山法樂

信貴法樂講問一座修之、

春日山のこんとい鳥一羽を射殺す

一或者語云、春日山ニ鳴コントイ鳥二羽在之內、一羽ハ神人射殺之、今一羽追失歟云々、此間ハ鳴聲不聞歟之由申之、」

一言主社供物

(32ウ)

一一言主狐供物事、寺門(興福寺)祈禱移兩三日者雖取之、其後又不取之、定可有其果利歟云々、可驚〱、

四日、戊寅、霽、

筝

自不斷光院筝一束給之、

九條成家經覺一期の間顯行院を上洛時の宿坊となさしむ

(一)(顯行)□□□院事、爲宿坊一期之間可自專之由、自家門(九條成家)有奉書、執筆実世(八條)朝臣、

唐橋在豐縣召除目聞書を經覺に送る

(一)(除)□□目聞書在豐(唐橋)卿書賜了、小折紙分、

足利義成を權大納言に任ず

權大納言源義成(足利)　參議藤原教忠(葉室)　源通秀(中院)

(左)□中弁藤原冬房(萬里小路)　權左中弁藤原親長(甘露寺)　右中弁藤原勝光(日野)

權大納言中院通淳を罷む
法雲院實意明日春日社に參籠し五百座講問始行
經覺布施料を遣す
經覺春日社參
古市胤仙一族吉田通祐稲墻家則等を召具す
近年は重衣を用ゐず
新藥師寺にも參る

（右）□少弁藤原（廣橋）綱光　右大史小槻通音　侍従藤原（三條西）実連
同　行秀　同　宗政　同　言熈
（直）□講（押小路）中原師富　民部少輔藤原永秀　大藏卿平（堀河）有政
（近）□江守大石員弘　越後守狛近經舞人　左近少將藤原実顯
□□將監藤原淸春　右近少將（庭田）雅行
□藤原勝光」

（33オ）

辞退
（權）□大納言源（中院）通淳　參議藤原（日野西）資宗（本年三月二十九日、縣召除目アルコト、公卿補任・看聞日記等ニ見ユ、）
一（法雲院）実意僧正自明日五日、可參籠御（春日社）社、因明未題ニテ五百座講問可始行、布施析五百疋遣之、幷爲本尊赤童子遣了、
（五）□日、己卯、天曇、
未明ニ參御社、予少衣・香ケサ、板輿、龍守上下、乘馬、播州一族伊豆（吉田通祐）・見塔院（祐賢）・稲墻兵庫（家則）以下召具、矢負少々在之、辰初點宮廻了、凡以藝（褻、下同ジ）衣白晝宮廻不可然歟、然而近年重衣以下一向不用之間、依無用意也、但額安寺僧正（大乘院慈信）着藝衣參社之由、見淸玄記者也、爲眞実白晝者、後々可斟酌事也、併敬神計也、以次參新藥師了、

實意炭繪屋に五百座講問始行

(33ウ)
一自今日五百座講問因明未題、実意僧正於炭繪屋行之、施主」別ニ在之、未申兩刻間可有發願之由仰付了、依爲吉時也、

筆を作る

一自今日筆可造之、巧匠大郎左衛門ト云者也云々、

六日、庚辰、

田原より借米を召寄す

自田原（添上郡）借米貳果召寄了、元興寺領人夫也、

越智家榮と十市遠清合戰す

〔一〕今日越智（家榮）与十市（遠清）合戰、十市方數十人負手云々、然而□□坊不責落云々、

七日、辛巳、

野田友幸荒神祓を爲す

八島鄕の者勸進す

□（於カ）北口芝有荒神祓、野田友幸淨衣、云々、此邊少々□病輩之間、爲靜申樣儀、當鄕（八島）者共令勸進沙汰了、□（予カ）少事奉加了、

越前河口莊細呂宜鄕下方沙汰人堀江左衛門三郎年貢沙汰の請文を出す

三千疋當進

〔一〕□木阿下了、細呂宜鄕（越前坂井郡）下方事、今月中可致沙汰之由、堀江左衛門三郎致請文、甲斐（常治）又若背請文令相違者、所職於放可行別人之由、出狀之間罷下云々、只今二千疋以借物□出借書千疋、」合先三十分當進通云々、且先□（無カ）相違欤、神妙、

乳母忌日

(34オ)
〔一〕□□乳母日（忌脫カ）之間、如形懃行了、

八日、壬午、霽、

經覺逆修始行

自今日爲逆修、予受齋戒持齋、懃行事、

法花・唯識講問卅　法花經一巻六日ニ讀誦
光明眞言［呪］　隨求陀羅尼　十一面大呪　火界呪各廿一反
念仏百反　光明眞言卒都婆一本　舍利礼備進仏供、□戒
已上

功徳湯

（一一）□有功徳湯、入了、

楠葉西忍歸る

一楠葉歸了、○コノ一行、前行ノ下ニ書ス、

古市胤仙館に鬼氣祭あり

一今夜於播州館鬼氣祭爲之云〻、

木阿吉野參詣のため奈良に赴く

一今夕木阿向奈良、來十一日爲參詣吉野也、

九日、癸未、

唐橋在豊に言附

備後上洛云〻、仍菅相公（唐橋在豊）所へ言付仰了、
一安位寺舜良來、
（34ウ）
十日、甲申、雨下、
有湯、入了、

來十四日より興福寺修正始行

東金堂番頭拵事に料足五十疋下行

一興福寺修正事、自來十四日可始行云〻、仍東金堂一番頭方拵事堂童子觸申、又自寺務（西南院重覺）申之由、自隆舜方申給之間、五十疋彼是ノ代ニ可下行之由仰付了、但今日徳日也、來十三日

可下行□〔旨カ〕下知了、

十一日、乙酉、霽、

旬講問
大乘院覺尊忌日
木阿等吉野參詣
硯箱等を指立つ

旬講問以下如例、
□〔一〕〔大乘院覺尊〕新宮忌日、如例沙汰了、
□□〔一〕〔木〕阿・左衛門次郎參吉野了、
□□□〔一〕架幷硯箱・□物大郎左衛門指立了、日別［　　　］之由、播州計申了、

（35オ）

□□□〔十二日〕、丙戌〔戌〕、霽、

古市胤仙子息小法師丸伊勢參宮のため精進屋に入る

□□院八木三荷上了、
□□〔一〕〔播〕州息〔小〕少法師來、來十四日可參宮之間、自今日入精進屋、爲暇參云々、早々可還向之由仰了、

十三日、丁亥、

經覺連歌卷物を一條兼良に進む
古市胤仙も進む

連哥五十句卷物居柳筥、一卷進殿下〔一條兼良〕了、是依被□〔捨カ〕置連哥、爲加其衆也、大方雖似無益、又徒□々捨置儀故也、則獻書狀了、古市播州も一卷進之云々、是も其所望歟、以辰市京上上進畢、
一吉阿向名良〔奈〕、明日爲上京都也、

小法師丸に帷を與ふ
賀留莊年貢の一部を禪賢に與ふ

一織色帷一遣小法師、於路次爲自然可用之由仰遣了、畏申者也、(又用)

一賀留庄(高市郡)年貢之内、祈禱方・星供方百三十疋、荒神供百二十疋、寺役方百疋餘、遣禪賢法師了、

十四日、戊子、雨、

古市胤仙の母等伊勢參宮

一吉岡播州母儀幷小法師・同妹以下參宮、

經覺惡夢を見る

(35ウ)

一予見惡夢之間、可祭鬼氣之由、仰遣陰陽師友幸(幸德井)處、明後日十六日、可然之由返答了、就其又一花一香

般若心經を自書す

一字三礼心經、予手自書之、

逆修初七日

一爲逆修初七日之間、當坊衆三人招請之、能(與)小膳了、(迎福寺)

五百座講問結願により法雲院實意巻數を進む

一五百座講問辰刻結願之由、実意僧正給巻數之間、遣播州了、

一簾十五間自室生可遣不斷光院之由、被言付之間、態遣人夫了、

興福寺修正始行

一□□(自)(二)今夜興福寺修正在之云々、上湯躰可尋記之、

一□五日、己丑、雨、(十)

一□例念仏唱念之、(恒)

一□六日、庚寅、霽、但天曇、(十)

一□盛來、筒一・笋一束持來了、(祐カ)

陰陽師幸徳井友幸の子友重鬼氣祭を行ふ

（36オ）
〔一〕
□□友幸（幸徳井）代官友重來、爲鬼氣祭也、上下悉令」□□後閇門退出了、今度此門ヲハ一切不可開之由申云々、□（用）途百疋遣之、

柏槇を三寶院義賢に贈る

〔一〕
□白（柏　槇）眞一本遣三宝院門跡（義賢）了、

寫經終功

〔一〕
□□（心カ）經終功了、可憑可信、

〔十　七　日〕
□□□、辛卯、天曇、

湯治始

□□（自　今カ）日五木一草湯治始之、先水湯也、

明教房實盛下人の夢想

〔一〕
□夜前明教（實盛）下人男見夢樣、古市播州奈良城へ矢入爲之、此下人男も相伴罷向之次、西ヲ見遣侍ハ、□寺ノ西戊（戌）亥邊ニ白帳着たる者牛ヲツナキ□之由見之云々、院中ノ事ハ不及申、大方世上ノ病氣モ可靜謐欤、珎重〳〵、且友重高驗也、神妙、」

長谷寺法樂
安位寺法樂
大乘院孝尋正忌

（36ウ）
十八日、壬辰、天霽、
長谷寺法樂、少呪幷觀音經六卷讀之、又安位寺法樂、少呪等唱之、
一今日後已心寺（大乘院孝尋）御房正月忌也、當坊僧三人招請之、能（與）小飯了、幷靈供備進之、壽量品以下讀之、奉訪畢、

藥湯

〔一〕
□自今日藥湯也、
〔十〕
□九日、癸巳、霽、

番匠を召し榼を作らしむ
古市小法師丸等伊勢より歸る

旬講問
九條經教月忌
逆修二七日
惣湯

□塗召寄了、
〔　〕□事仰付了、
〔　〕□了、
〔廿日〕□□、甲午、夕雨、
〔自カ〕□今日榼仰含了、番匠彦三郎召置了、以梧桐木差之、〔播〕□州息小法師以下無爲之下向云々、
仍來了、御祓以下□等給之、〔古市胤憲〕又吉岡和布御祓等給之、不思寄者也、
〔　〕□風呂了、
〔　〕□了、
〔廿一日〕□□□、乙未、雨、

（37オ）

旬講問以下如例、
〔　〕〔九條經教〕□故大閤月忌也、壽量品以下讀了、靈供備進之、
〔　〕〔逆〕□□修第二七日也、當坊僧三人招請之、能〔與齋〕時了、
〔　〕□狛中村來、茶濟々賜之、仍令對面、遣織帷一了、
〔　〕□今日惣湯在之、予入時者藥ヲ入テ湯治之、予上テ後者取上〔畢カ〕□、
廿二日、丙申、

太子法樂

九條滿家一周忌作善のため經覺の上洛を請ふ

經覺上洛

九條顯行院に著す

大乘院孝圓及び經覺亡母正林忌日

九條家別時念佛

九條滿家一周忌作善はその遺志により觀音懺法と定む

□（如）意輪呪千反唱之、法樂太子了、
廿四日、戊戊（戌）、
自九条申云、愚身雖可上洛、彼（九條滿家）一廻作善事一途無之、計會之由申給了、何樣明日可上洛
之由存者也、
廿五日、己亥、
（37ウ）
寅下刻上洛、立迎福寺了、矢負□者播州召給了、」自一坂於矢負者返了、自木津（山城相樂郡）船也、予
板輿、龍守・如意賀各乘馬、申刻着九条顯行院了、懃行等於船中沙汰了、少膳等於船中
在之、
廿六日、庚子、
故御房（大乘院孝圓）幷禪尼（正林）忌日也、懃行等如例、
〔　〕□□（教法カ）院被來了、
〔　〕□自今夕於殿中別時在之、教法院師弟・九品寺師弟也、經已下可沙汰条、雖叶道理、家門
式無物無極之間、用途□□出之了、今少（僅）無極者也、
〔　〕□［　　　］了、燒香爲之、
〔　〕□作善事種〻雖有評定、愚身仰云、於故殿（九條滿家）仰者、□（可）爲觀音懺法之由被染筆了、然上者不可

建仁寺音西堂勝願院良雅を興福寺別當に喜多院空俊を權別當に補す

作善聽聞のため九條亭に參る

觀音懺法を修す

音西堂と對面

九條政基同成家同道にて墓參

築地

有別儀之由存之旨申間、面ゝ同心了、仍申遣建仁寺音□〔西カ〕塔方了、
□□〔一〕〔寺〕務事、重覺僧正依辭退、良雅僧正〔勝願院〕 宣下云ゝ、數代中絶□〔堂〕、權官空俊僧正〔喜多院〕被 宣下云ゝ、
〔廿七日、辛丑、カ〕□□□□□

(38オ)

□參殿中了、
廿八日、壬寅、
衆僧參仕之由被申之間、爲丁聞參殿中了、予藝衣・香ケサ、兒兩人上下ニテ召具了、
□初點禪僧十七人・西堂二人觀音懺法始之、鉢皷等□、雖似興遊之儀、懃行爲躰甚殊勝也、
懃行以前先音西堂ニ見參了、懃行事終不斷光院衆懃行在之、於觀音懺法者、悉皆五結分
被下行云ゝ、今〔僅〕少無極者也、
一參御墓了、少冠〔九條成家〕・若公〔九條政基〕兩人奉同道了、
一荒神呪・聖天呪・不動呪各千反唱之、如例、
一殿中築地二本予突〔×倒〕之、內者共遣了、
廿九日、癸卯、
於殿中有風呂、

（38ウ）

五月小

朔日、甲辰、

千徳万福幸甚〱、

旬講問

一旬講問・金剛經以下如例、

千巻理趣分

一千巻理趣分始之、

□（一）普賢延命呪・不動合行呪各千反唱之、

□□（二）（餅）已下如形祝着了、又參殿中有小盃、

□（二）日、□（乙）巳、雨、

□了、

□□（三日）、丙午、雨、

□（於カ）殿中有談合事、予向了、

□□（四日）、丁未、雨、

菖蒲を葺く

□□（菖蒲）葺之、河内守（石井在安）給了、

深草祭

京都雨多し

大乘院小五月會

止雨奉幣
丹生貴船兩社

旬講問

大乘院覺尊正忌

（39オ）
〔一〕□□上下若干煩也、爲痛、
〔五日〕□□、戊申、雨、
□參殿中、深草祭也、午刻渡云々、□十六騎云々、□間也、至神輿出御齋了、神慮也、
有小獻、
〔六〕□日、己酉、
□有風呂、予入了、
〔八〕□日、（×庚）辛亥、連雨以外事也、
藥師呪千反唱之、
一自南都人遣了、小五月昨日於門跡（大乘院）在之云々、依雨兩日延引云々、
九日、壬子、
被行（行カ）（止）上雨之奉幣被行之云々、大和舟（丹）生・貴船兩所へ神馬各一疋、被相副　宣旨事也云々、」
（39ウ）
十一日、甲寅、
旬講問以下如例、
一新宮（大乘院覺尊）忌日也、如形懃行了、先々於大仏經少事引之、當年忘却了、追可引之者也、
〔十三〕□□日、丙辰、

三箇日大佛經を勤行せしむ
新宮分
二親分
先師分

經覺一條兼良亭に赴く

經覺一獻の禮節につき批判す

縁合の禮節盃の禮節に符合せず

經覺革堂行願寺に參詣
三十三年一度の開帳に衆人群集す

（40オ）

□□□（自今日カ）三ヶ日於大仏經少事宛可引之由仰付小法□□□（師丸了カ）、仍用途少事遣之、一日新宮分、
一日二親分（九條經教・正林）、□□（一日）先師（大乘院孝圓）以下分也、

十四日、丁巳、

清承來、

□□□（十五日）、戊午、

□□（恆例）念仏如例、

□□（十六）日、己未、

□刻爲奉逢殿下（一條兼良）、向一条家門、予藝（褻）衣・香ケサ、龍守上下、召具了、先大將殿（一條教房）被出逢、白直垂被着之、内々故也、次殿下出御、小直衣也、有一獻、先殿下、次大將殿被受用之、次予受用之、此礼儀如何、□者、愚身受用後大將殿可被受盃欤之由存之、隨而止盃、別ノ盃ヲト被礼節之間、子細□尋申處、狼藉之故云々、此詞不得其意、止盃可□礼節者、何被受用哉、比興之至也、可爲其分者□（只カ）可給之由依仰之、盃酌殿上人持來了、三獻了余退出了、大將・殿下縁合礼節深恐申了、是又如何、縁ノ上ニ被送處可事足欤、自縁被下之条、盃ノ礼節ニ不符合者也、

一以次參皮堂（行願寺）了、三十三年一度開帳在之云々、只今依當其年開帳之間、衆人群集云々、自其

洛中に病者滿つ
病死者無數なり
連日葬禮あり
經覺迎福寺に歸る

（40ウ）

歸九条了、」凡洛中爲躰、病人滿道、路町ニ十人廿人臥ヌ所モナキ様也、死人又多相交、
凡都鄙病死惣算數難及云々、自二月至當月、毎日毎夜東ノ口ヘ葬礼不斷、去月十二三日比
ハ卅五八十ノ（マヽ）分東ヘ計葬礼在之、其外口々定可在之、凡不及□〔言〕語事也云々、希代〳〵、
□□〔十七〕日、庚申、
□下向、不及日中沙汰、自木津（山城相樂郡）迗者十人計執行□大貳房、給之、志之至也、亥刻下着
迎福寺了、

○以下一丁白紙、

「（表紙題簽）安位寺殿御自記　二十三」

「（表紙、別筆）六月已來口脫

寶德二年

要　記　歟

安位寺殿御筆

就一座　宣事、諸廻請經ー《覺》僧正載不載

一件有之、經ー御理運ナリ、

大乘院」

○原表紙ナシ、

〔寶德二年〕

（1オ）

六月大

朔日、癸酉、

句講問
自讀千卷心經
古市胤仙物を經覺に進む
餅祝著
南圓堂百度結願
佛地院俊祐入寂
辯講
林間

千徳万福幸甚〱、
一句講問・金剛經等如例、
一自讀千卷心經讀之了、普賢延命呪・不動合行呪各千反唱之、
一古市（胤仙）一樽幷兩種白瓜・正月餅、給之、仰祝着之由了、
〔一〕□餅祝着之、
三日、乙亥、
自去月令沙汰用途百十疋下行云々、南円堂百度今日結願之由神人申之、祢重、□違例、又自今日□□□〔可沙汰カ〕之
由仰付了、」

（1ウ）

四日、丙子、
今曉仏地院俊祐僧都令逝去云々、自去年病氣也、虚氣歟云々、三十三歳云々、（大乘院日記目錄、俊祐寂スルコトヲ寶德三年六月六日ト爲ス、オソラク誤リナルベシ、）
七日、己卯、
有弁講、祝着了、
一自今日林間在之、播州（古市胤仙）始之、可爲中二日云々、茶以下在之、予入了、
八日、庚辰、

藥師呪千反唱之、

九日、辛巳、

播州參御社(春日社)了、

古市胤仙春日社に参る

（２オ）

十日、壬午、

有風呂、入了、

一光林院英暹榼一双・素麵・瓜等給之、仰不思寄之由了、

十一日、癸未、

一新宮(大乘院覺尊)懃行如形沙汰了、

旬講問以下如例、

旬講問

大乘院覺尊正忌

十三日、乙酉、

小泉重弘七廻也、奉公之儀異他之間、摺寫法花經一部・布・杉原十帖遣了、重榮(小泉)以狀畏申了、

小泉重弘の七週忌に摺寫法華經等を贈る

一林間予沙汰之、茶以下同仰付了、

（２ウ）

十五日、丁亥、

酉下刻參御社了、播州若黨等少〻召具之、

經覺春日社に参る

九條成家少将を經ず中將に任ず

九條家の侍石井在安經覺の招きにより奈良に下る

祐盛在安の山城菅井莊守護方所望の件の斡旋を謝す

長谷寺法樂

在安上洛す

炎旱甚しく所々に祈雨あり興福寺に於ては西室にて學侶方衆一時三十頌を行ふ

湯風呂

一九条拾遺(成家)去十日轉任中將之由申給了、超少將歟、

十六日、戊子、

林間在之、予入了、內者共燒之了、

一九条侍河內守(石井在安)下向了、依召也、幷吉阿・春円同下了、

一吉阿・春円下了、

十七日、己丑、

祐盛來、引付河內守了、是山城菅井(相樂郡)事、守護(畠山持國)方之儀爲劬勞也、有小盃、」

(3オ)

十八日、庚寅、

觀音經六卷讀之、法樂長谷寺了、併小呪等如□(例カ)、

一河內守上洛了、

廿日、壬辰、

炎暑以外也、卒土炎干云〻、仍所〻有祈雨歟、於興福寺者、於西室學侶・六方一時三十頌云〻、

一有湯風呂、入了、

廿一日、癸巳、

旬講問
九條經教遠忌

太子法樂

功德湯

足利義教正忌

幕府法華八講を等持寺に修す

天滿法樂

勅願衆の使節として訓快光舜經覺を訪ふ

大乘院孝圓及び經覺亡母正林忌日

旬講問如例、又故大閤(九條經教)遠忌也、懃行等同、

(3ウ)

廿二日、甲午、

如意輪小呪千反唱之、法樂太子了、

一有林間、當坊上人(迎福寺)(久光)燒之、茶以下被結構了、

廿四日、丙申、

有功德湯、入了、

一地藏懃行如例、又普廣院(足利義教)正忌也、如形令懃行奉訪了、

一爲彼正忌之間、自去廿日有御八講、一座證義光明院隆秀僧正云々、丁衆憲円得業、兩人參懃

(4オ)

云々(×由)、

廿五日、丁酉、

心經廿五卷法樂天滿了、融通念仏千二百反唱之、

一勅願衆使節訓快律師・光舜五師來了、仍直ニ召聞了、訓快進折紙百疋、之間、細美一・杉原一束遣了、

廿六日、戊戌(戌)、

故御房(大乘院孝圓)幷禪尼(正林)忌日也、令備進靈供、致少懃行了、

炎旱

廿七日、己亥、

有林間、淸憲願勝房、致沙汰了、茶以下如例、

一凡日ゝ炎干以外云ゝ、

廿八日、庚子、

荒神呪・聖天呪・慈救呪各千反唱之、

一光舜五師榼一・素麪以下給之、

（4ウ）

晦日、

有湯、入了、依無水如形在之云ゝ、

祓

一祓儀如形在之、予着藝〔褻〕衣・香ケサ入了、役人覺朝少衣、也、

和泉守護細川常有の臣宇高某遁れて古市胤仙に憑る胤仙これを寶樹庵に居らしむ

一細川刑部少輔〔常有〕和泉守護一方、內者宇高憑古市落來了、就此有種ゝ雜說、背主命如此云ゝ、又傍輩沙汰云ゝ、肝要去廿七日令夜打之處打漏了、仍於屋形燒了云ゝ、始終之儀難知、先播州請取了、仍入宝樹庵了、其衆廿人計在之云ゝ、

（5オ）

七月小

朔日、

千徳万福幸甚〳〵、

旬講問

一旬講問・金剛經等如例、

自讀千卷心經

一自讀千卷心經讀之、

餅祝著

一餅祝着之、又古市（胤仙）一瓶・兩種給之、仰悅之由了、

三日、

林間

有林間、禪実燒之、

（5ウ）

四日、

訓快五師來、坪江鄕（越前坂井郡）事也、對面了、

和泉前守護細川教春同國の修驗者を殺すにより諸國の修驗者京都今熊野西九條に群り之を罪せん事を幕府に訴ふ

一去〻年於泉國（和脫）山伏兩人殺害云〻、依之今熊野幷今御瀧西九条、諸國山伏群集、當守護細川刑（教春）部大輔可有御罪科、不然者直可發向之由、訴申入云〻、（故和泉守護細川教春ノ修驗者殺害ニヨリ、其徒怒リテ新熊野神輿ヲ奉ジ、教春ノ子常有ノ邸ヲ襲ハントスルコト、康富記本年七月十九日ノ條ニ見ユ、マタ、教春本年四月二十七日ニ卒スルコト、細川家譜ニ見ユ、）

七夕祭

七日、

浴水之後拜二星、七拜、次書和哥於梶葉、令法樂畢、七首、但梶葉無之間、楸ノ葉ヲ用了、心經七卷讀之、

一古市素麵一鉢・瓜幷一瓶等給之、仰賞翫之由畢、

房官七夕節供を經覺に進む

經覺一切經納所勅願納所等をして燈籠を作らしむ

北戒壇院隆雅大僧正に任ず 南都に於ては青華凡人の任大僧正は一乘大乘兩門跡の師範なりし者の外其例無し 隆雅の師長雅の任大僧正は金堂供養を奉行せる賞なり 法相宗一座宣を下さるべしと萬里小路時房に申遣す

番湯

時房法相宗一座宣を下すべしと答ふ

（6オ）

一例式房官所節供進之、仍予着藝〔褻〕衣、手長龍守、當色、役送覺朝、少衣、祝着了、

一有湯、入了、

八日、

藥師呪千反唱之、

一燈爐事、兩納所（清寬・懷實）一切經・勅願・堂家・三昧・承仕等可沙汰進之由、加下知了、

九日、

京都へ遣上正市法師了、子細者、北戒壇院隆雅僧正去月令轉大了、此条背本意者也、其故者、於南□（都カ）青花凡人大僧正事、兩門跡（一乘院・大乘院）師範之外不可有其例、而先師例云々、於先師長雅者、（北戒壇院）」（6ウ）金堂供養奉行賞也、子細可相替事也、其外者非師範躰大僧正事、何時事哉、尤宣下可被召返之由、雖可訴申、既被宣下上者、非無其恐、然而自去永亨〔享〕三年爲上首諸廻請等載之、今更可任年戒之﨟次之条、背本意之間、所詮可被下法相宗一座宣之由、仰遣万里少（小、下同ジ）路先内府時房公者也、

一在功德湯、入了、番湯欤、」（7オ）

十日、壬子、

法相宗一座宣事、可申沙汰之由、時房公令返答云々、且清承申下了、

旬講問

光林院英暹榼以下を經覺に贈る

十一日、癸丑、

旬講問如例、金剛經等同讀之畢、

一榼一双・素麵・瓜等光林院英暹春覺房、賜之、仰不思寄之由了、

十二日、甲寅、

春宮來、

所々より燈籠を經覺に贈る

十三日、乙卯、

自所々燈爐賜之、一切經納所(清寛)、栗、　勅願納所(懷實)、鯰、

堂家共分

舟有人形、玉二、　瓜盆　琵琶第一燈爐也、見事、　鞠　筒　瓜盆　懸皮子

(7ウ)

門跡北面

善性(成舜)猿　廻燈爐(専清)善觀、　短尺(良鎭)舜專、　鞠(懷全)舜信、　錢(良宣)有舜、比興也、

大乘院納所
長屋納所

挑盃縁舜法橋、　瓜ニ沓懷尊律師、大乘院納所也、　蟹一長屋納所、光林院英暹、

懸繪二幅龍守、　懸繪三幅内者共沙汰了、

(8オ)

一有湯、入了、

十四日、丙辰、

已心寺の墓に詣づ

菩提山の墓には有俊を代參せしむ

九條經教等に靈供を備ふ

古市胤仙小風流を沙汰す

申下刻參已心寺墓了、予板輿、龍守上下、騎馬、內者共、其外吉田伊豆(通祐)・稲墻兵庫(家則)・山村武州(胤慶)・坂口五郎等召具了、於已心寺三川房出酒盃了、榮識房對面了、以外之老衰也、於𦬇山墓者雖可參、旁以有存旨之間、有俊本照房、爲代官可參之由仰遣了、

一燈爐共置之了、人々群集者也、

(一)□手向水於亡魂了、燈明六、有蓮葉盆供物、法花四要品・光明眞言・隨求多羅尼等奉讀了、

一春宮返了、

(8ウ)

十五日、丁巳、大雨也、雷鳴、

明教(實盛)蓮葉飯一褁給之、

一備進靈供於亡魂了、

故大閤(九條經教)　故御房(大乘院孝圓)　後已心寺(大乘院孝尋)　母堂禪尼(正林)　故按察禪尼(九條經教妾)　後宝峯院母堂(孝圓母、經教妾)合六前也、

一懃行同前昨日、

一今日燈明置之了、

一自古市少風流ヲ沙汰來了、

一藥師院良賢法印來、出酒盃了、

(9オ)

十六日、戊午、

功德湯

一有功德湯、入了、

西南院僧正重覺赤痢を病み入寂

一西南院重覺僧正依赤痢今朝逝去云〻、四十七歳歟、良家衰微歎有餘事也、

古市小法師丸風流を沙汰す

一酉下刻又自古市風流沙汰來了、(古市小法師丸)子息所行云〻、綱引、雪マロハカシ、色〻賣物共、結句有笠ヲトリノ躰也、

經覺內者をして風流を沙汰せしめ古市に報答す

一爲報答自是風流ヲ沙汰遣古市了、先爲行者馬上吉阿長立帽子衆、次色〻ノ賣物、次笠ノ下ニ龍守・如意賀以下直垂・大口者共濟〻、次ヤツハチ打金正打之、次師子〔獅〕舞春宮・乙松兩人舞了、自

風流の者古市より興善院清憲の坊に至る

古市遣清(興善院)憲坊了、於清憲坊者、出酒進之云〻、」

(9ウ)

圍碁雙六

一良賢法印來、圍碁・双六等打之、

十七日、己未、

今日重可有風流之由、雖有其聞、不見來者也、

興善院清憲榼以下を經覺に贈る

一清憲榼一双・素麵五結・瓜一盆・蓮根等賜之、召寄賞翫了、良賢法印來了、

十八日、庚申、

宮千代等風流見物に來る

宮千代來、梅賀來、爲見風流也、

一觀音經六卷・少呪等讀之、

大安寺福生院良瑜房との相論のため經覺に見參す

一大安寺福生院來、榼一・瓜一籠・梨一籠給之、見參了、良瑜房与公事也、

風流あり
鷺舞
猿樂
延年舞
亂拍子
見物群集して當郷に滿つ
經覺藥師院良賢等を招き酒宴を饗す
星來下日
越前坪江郷政所高屋一鏡房を供料以下未進により改替せんとす

（10オ）

一申刻風流在之、先ハウ持二人、次鷺舞」二人、サキヲ作テ人ニキセテ舞之、次猿樂ヱホシニ織物ヲ着、大口ヲキテ、方衆二人・一族共、・□□以下在之、ハヤシ手ハ猿樂也、兩三在之、次延年、先仕丁八人、赤衣ニ着腹卷、立帽烏子〔烏帽〕、次弁大衆四人絹衣、褁頭、長大刀ヲ持、アシタ、次遊僧四人・管絃者十人計、各衣褁頭、次夫催、次兒催、播州子息、次〔花〕杖六人、如常腹卷・大口、次カツキ物三、次乱拍子以下舞了、次林物・賣物以下在之、凡今日之儀以外結構也、驚耳目了、仍見物貴賤群集、凡無隙立針者也、兩方口ヲ指之間、奈良田舍者多雖不入、見物衆滿當郷云々、所詮近來見事、

一力者五六人着直垂可來之由仰了、爲自然也、」

一上人於京都了、爲問先日返事也、

（10ウ）

一入夜良賢法印・清憲以下、播州於北四間兒・中童子ヲ招寄酒宴在之、

十九日、辛酉、

有林間、播州一族等燒之、予入了、

一梅賀歸了、

一爲星來下日之間、理趣分三卷・當年星呪等唱〔×讀〕之了、

廿日、壬戌〔戌〕、

□□〔坪江カ〕政所供粁・衣服以下無沙汰過法之間、去月既可□□〔改替カ〕之由、庄家へ被下知云々、仍高屋〔一鏡房〕

一鏡房愁訴するにより經覺口入して暫く沙汰を閣く

古市胤仙と木津英深相論の子細あり

古市胤仙一族等相撲を爲す

萬里小路時房法相宗一座宣勅許を經覺に傳ふ

幕府布施貞基をして越前河口莊兵庫鄉につきての熊谷持直の訴へを尋尊に通達せしむ

旬講問

九條經教月忌

古市と木津の相論につき小泉重榮申旨あり

罷上種々歎申□、直高屋雖罷出、納(懷實)所不及出合、無」(11オ)沙汰于所々由歎申之間、連々自是仰遣供衆畢、仍可依一左右之由、供衆返答之間、今日寺門(興福寺)使仕丁一人、自是德市法師下遣了、依此左右可治定云々、

一就古市与木津公事子細在之、爲仰其事、遣懷舜觀禪院、・実盛明教、・播州青侍男、三郎左衛門、於木津英深勸修坊、旅宅了、爲半無爲也、

一播州一族・若黨・地下者共六七十人召寄、戊(戌)刻相撲在之、立明等燒之、亥刻分散了、細川宇高若黨打留沙汰了、

一昨日使者下向了、一座宣下昨日十九日、伺申入之處、勅許之間、被尋兩局(小槻長興・舟橋宗賢)可被宣下候、叡慮無相違之条目出之由、万内府申旨、」(11ウ)清承申下了、所爲悦也、

一就兵庫(越前坂井郡)鄉事、爲布施民部(貞基)奉行、熊谷(持直)訴訟趣、付召文了、可爲如何樣哉之由、自門跡(大乘院尋尊)申賜□(之カ)、加思案可申左右之由返答了、

廿一日、癸亥、

旬講問以下如例、金剛經讀之、

一故大閤月忌也、備進靈供、致少懃行了、

一卯刻懷舜・明教以下自木津歸了、彼半事小泉(重榮)度々有申旨、下地事意得申、自其方可蒙仰

經覺兵庫郷訴訟につきての幕府への返答を尋尊に示す

太子法樂

清寛榼以下を經覺に贈る

尋尊因明法文を經覺に贈る

足利義成斯波千代德丸被官織田敏廣を退け同郷廣を扶持せんとし甲斐常治に諮問す

常治之を肯ぜず

義成更に管領畠山持國に下知す

持國將軍の大名家内政干渉は天下錯亂の基なりとして之を支ふ

義成重ねて沙

候、所詮不可有楚忽之儀之由申賜了、神妙、仍又此子細仰遣小泉方了、

一兵庫事、京都へ門跡へ返答之趣書遣了、

(12オ)

廿二日、丙子、(甲)

如意輪呪千反唱之、法樂太子了、

一清寛榼一荷・蓮根五本・瓜一盆賜之、可賞翫之由返答了、

一因明法文予書處少〻自門跡賜之、

廿三日、丁丑、(乙)

林間古市若黨等燒之、

一播州語云、京都物云事ハ、武衞(斯波)千代德、内者織田兄弟(郷廣・敏廣)在之、而於兄者無正躰者タル間、先御代(足利義教)被退畢、仍弟爲織田名字于今在京了、爰爲公方(義成)被扶持兄、可被退弟之由、甲斐(常治)〻御問答之」

(12ウ)

處、於兄者無正躰者也、不可叶之由、甲斐入道申切了、而猶被仰付管領(畠山持國)、可沙汰居旨御下知之處、管領申云、先御代如此内者共事、兎角及御沙汰、天下錯乱無止事、就中御代初兎角物云共候しかとも、武衞しかとして候し故、無殊儀候つ、所詮於此段者、別而被優入道、可被閣御下知之由、申御返事處、重又可沙汰居之由、御下知之間、非儀於御沙汰、爲管領之身不申止者、似無職之甲斐之間、所詮辭職可在國仕、甲斐又定可爲其分歟

沙汰居べき旨下知するにより持國管領を罷め下國せんと返答す
義成の下知は今參局の申沙汰による
今參局の所業は周の褒姒に似たり

之由、申御返事間、依今一重御成敗、無止事者、天下定可爲乱世歟之由申下云〻、以外之次第也、如此御下知、号御今參」女中申沙汰也、若乱天下者、頗可比褒似〔姒〕者哉、（義成、今參局ノ請ヲ納レ、尾張守護代織田敏廣ヲ罷メ、其族郷廣ヲ以テ之ニ代ヘントシ、生母日野重子及ビ諸將ノ諫ニヨリ之ヲ止ムルコト、康富記寶德三年十月十日・十三日ノ條ニ見ユ、）

（13オ）

一木阿向奈良、明後日爲京上也、

足利義教忌日

廿四日、（庚ミ）戊〔丙〕寅、

地藏懃行如例、又普廣院〔足利義教〕忌日也、致少懃行奉訪□〔了カ〕、

六地藏に詣づ

一參六地藏了、此郷ニ三〔×六〕所、北口ヨリ至能登川邊三所、合六所也、

廿五日、（辛ミ）己〔丁〕卯、

五師光舜別會五師良朝の諮問により藤原不比等忌日の廻請につき經覺の意見を問ふ
經覺法相宗一座宣下未到の間廻請を延期すべき旨答ふ

光舜五師以狀申云、八月三日御忌日廻請明後日可成之候、就其先度就北戒壇院僧正轉大、被伺申京都之時宜子細候、諸廻請事可待申之由蒙仰候、且可爲如何樣哉之由、別會五師良朝伺申之由申給了、返答云、此事去十九日万里少路前內府被伺申」處、既勅許之間、先規之樣被尋兩局可被宣下候、目出之由清承申□〔下カ〕候、書狀如此候、爲不審被遣候、然而宣下未到之間、未被仰出候、可相待申之由、重可令傳達之由仰遣了、

（13ウ）

清承一座宣の先規撰出の後宣下あるべし

一申下刻自京都清承狀到來了、其子細ハ、一座宣事被尋兩官務〔小槻晨照・小槻長興〕之處、先規不撰出間、猶可

との萬里小路時房の意を經覺に傳ふ

大乘院孝圓及び經覺亡母正林忌日

大山民部等敵城偵察のため奈良菩提院内に忍ぶ

別會五師良朝藤原不比等忌日の廻請遲引を申すも經覺京都一左右を待つべき旨返答す

大僧正一座宣大乘院信圓の後九代中絶す

經覺大僧正一座の宣旨を賜はる

相求之由被申付、依其左右可有　宣下歟之由、万里前内府申云ヽ、仍槐門状下畢、則酉刻
上慶陣了、依有申子細也、」

（14オ）

廿六日、戊辰、
故御房（大乘院孝圓）幷禪尼（正林）忌日也、懃行如例沙汰了、又備進靈供□（等カ）了、
一夜前爲見城躰、大山民部・稲墻兵庫幷彦三郎・弥九郎四人、向奈良莽院ノ内ニ數刻付忍
了、而歸路時、相待城衆トカメテ追散了、
一就隆雅轉大事、申所存之間、八月三日御忌日廻請押置了、仍別會五師良朝、廻請遲ヽ之
由自方ヽ急申之間、計會候、急可被仰下旨申給了、然而依京都一左右可仰、其間事可相
待旨返答了、」

（14ウ）

廿七日、己巳、
一昨日使歸來了、書狀等披見之處、一座事、去廿六日被　宣下由申給畢、凡祝着之至無
比類者也、此宣事莽山殿（大乘院信圓）蒙之後、中絶（ヽ之間）及九代了、今蒙此宣之条過分至極也、併冥助之至
者哉、彼奉書案、
前大僧正法印大和尚位經覺、宜令不改本位列大僧正上、可被　宣下之由、被仰下之狀
如件、

万里少路前内府判也、

判

七月廿六日

藏人權弁殿(廣橋綱光)

(15オ)

廿八日、庚午、

荒神呪・聖天呪・慈救呪各千反唱之、

一切經納所清寛八朔の賀物を進む

一一切經納所清寛白布二端入蘿箱給之、八朔礼云々、

經覺松林院貞兼に大僧正一座宣の賀事のため房官を召すべき旨を傳ふ

一仰遣貞兼僧正云、蒙大僧正一座宣了、且寺門之光花、且當身之眉目也、仍悅申可沙汰候、就其房官二人可召給哉之由、可被申沙汰旨仰遣了、

(15ウ)

古市胤仙木津との相論につき所存を述ぶ

一播州(古市胤仙)有申子細、山城面々事也、仍有仰遣小泉」旨在之(マヽ)、

越智家榮吉報を告ぐ

又自越智(家榮)も有申旨、當方吉事也、

大僧正一座宣宣下を良朝に觸る

一大僧正一座事被　宣下了、可得意之由、仰遣別會五師良朝所了、

廿九日、辛未、

貞兼從僧召仕を尋尊承諾の由經覺に傳ふ

貞兼僧正(〆云)以狀申云、從僧事申門跡之處、不可有子細之由御返事候、目出候由申給了、爲悅之由令返答了、

一有湯、入了、

小泉重榮と合戰事等を談合す

一小泉來、合戰以下事条々仰含了、

一宮壽之迎來之間遣了、有小盃、

魔界廻向理趣分を轉讀す

一魔界廻向理趣分轉讀了、

（16オ）

八月大

朔日、壬申、

千德万福幸甚〱、

旬講問

一旬講問二座・金剛經一卷如例、

自讀千卷心經

一千卷心經自讀了、幷普賢延命呪千反・不動合行呪千反唱之、又中臣祓爲之、

餅祝著

一先餅祝着了、

八朔の賀物所々より來る

一八朔之礼自所ゝ在之、

花瓶

禪定院（尋尊）

蘿一・白布一端・花瓶一胡銅、・扇一本・杉原

清祐

白布・杉原　返厚紙二束・造建盞一

造建盞

白布一玄兼　返杉（原）□・扇

織色一端緣舜法橋

（16ウ）

白布一端祐盛　白布一端隆舜
各杉原十帖・扇一▩本返遣了、

茶

茶廿袋泰祐法橋　繼舜同　檀紙・扇遣了、
榼一荷・蓮根・混（昆）布古市（胤仙）　蘿・白布遣了、
矢百吉田伊豆（通祐）　厚紙一束・扇遣了、
矢百武藏山村（胤慶）　檀紙一束・扇遣了、

火打袋

茶十袋若狹房井上（玄專）　火打袋・扇遣了、
茶十五袋讃州同（榮專）持來、檀紙・扇遣了、

柄杓

エノヒサコ一古市珍阿賜之、白布一端遣了、

尻切

尻切二足明教（實盛）　ヒハシ金正

矢根

扇一本對馬（覺朝）　矢根二腰自奈良、

（17オ）

勅願納所懷実白布進之、
當坊（迎福寺）上人（久光）鹿鳴草餅一盆（×▩）・茄子一鉢　扇・檀紙遣了、

文綿

善性（成舜）文綿一端賜之、

小花粥

一申下刻小花粥以下如形、有小盃、事了少ゝ出探了、

白布一・ウルシ桶一・莚二枚・杉原十帖・厚紙十帖・筆十管・茶十袋・ヒハシ一・小刀一・尻切一足・雑紙六束・混〔昆〕布一折敷・茄子一籠出了、召仕者之外、方衆・播州〈古市胤仙〉父子以下一族若薫、人數及三十余人了、

召仕者等に物を出す

（17ウ）

〔一〕
□申下刻自南都京都狀給之、披見之處、彼一座宣事、康咊五年七月廿五日覺信〈一乘院〉大僧正蒙此宣之由、綱所注進之間、就慥所見如然申沙汰了、」仍長者宣被成進之、南曹弁親長〈甘露寺〉朝臣書進候、尤以院雑色雖可進之、被急申之間、乞請直進之由、先内府時房〈萬里小路〉公申賜了、（覺信、一座宣下ヲ蒙ルコト、殿暦康和五年七月二十五日ノ條ニ見ユ、）

一乘院覺信一座宣を蒙る所見あるにより長者宣を成す由經覺に告ぐ南曹辨甘露寺親長奉ず

被長者宣偁、前大僧正法印大和尚位經覺、宜令〔列〕○法相宗僧綱上者、

寶徳二年七月廿六日　　別當左中弁藤原親長奉

長者宣

（18オ）

法相宗一座事、康咊大僧正〈一乘院覺信〉御房長者宣〈康和五七廿五〉由、綱所昨日注進候間、被引勘之處、諸家記符合候、任佳例長者宣被成進候、珍重〳〵候、叡慮無御等閑候、目出候、一昨日被仰藏人權弁〈廣橋綱光〉一通者、就御急用只惟〔推〕進候分候き、即可被執替候也、」長者宣南曹弁以」雑色尤可付進事候欤、然而同者早〻御用由承候間、爲早速令所望、直内〻進候、不可爲後例候、急可被進候、能〻可令注進賜由候也、恐〻謹言、

万里狀案

萬里小路家諸大夫忠敦時房の賀意を傳ふ

廣橋綱光奉書と取替ふべし

七月廿八日　　忠敦

淨南院（泰祐）上座御房

袖云

邂逅之儀、一段御祝着被察申由、能々可被申旨候也、

細川常有被官宇高某父子禮に參る

一宇高爲礼父子來了、今日事祝着之日也、仍織色一端・杉原一束宇高、扇一本・雜紙五束遣子息了、以外悦申云々、」

（18ウ）

經覺大乘院信圓一座宣につき徵證檢出を尋尊に依賴す

二日、癸酉、

一𦬇山本願（大乘院信圓）一座宣事、惣ノ大僧正一座歟、相宗ノ一座歟、兩篇不分明、類聚記可被撰之由仰遣門跡（大乘院尋尊）了、

信圓一座宣の事類聚記に見えざる由返答あり

三日、甲戌（戌）、

𦬇山一座事類聚記ニ不見之由申賜了、

一祐盛一瓶・白壁持參了、又緣舜法橋・泰祐法橋幷繼舜來了、有小盃、

經覺綿を春日社に進む

四日、乙亥、

綿一屯進社頭（春日社）了、付祐盛之（×了）、令啓白可致懇祈由申給了、又來十日可社參、祝師事可存知旨仰遣了、可存知云々、」

九條成家同政基八朔の賀物を經覺に贈る

光物飛ぶ

經覺尋尊に八朔の返禮を贈る

經覺萬里小路時房の法相宗一座宣につきて擧力せるを悦び物を贈る

山水二雙

泰承玄兼一座宣を賀す

祈雨結願の爲奈良にて相撲あり

（19オ）

五日、丙子、

木阿下了、自九条(成家)扇一本・引合十帖給之、自若君方(政基)鴛水入一・紙十帖賜之、八朔之儀歟、

一亥刻光物飛了、自未申至丑寅云々、其勢鞠ノ程ニ而光如月出云々、

一門跡ヘ遣八朔返了、綿一屯・香合一珪章(璋)・引合十帖也、又一屯遣隆舜了、雖稱返篇々粉骨之故也、

六日、丁丑、

一座(×宣)宣事、先内府所ヘ爲悦志(×申候)榼二双・チマキ十把遣了、則相副愚札遣畢、引合二枚一折、

礼紙一枚、立文也、」

（19ウ）

一座事　勅許殊畏存候、懇申御沙汰又本望滿足候、就其雖輕微憚入候、山水二双・一種令進覽之候、子細猶以清承申候也、恐々謹言、

八月六日　經覺

万里(小)少路殿

一泰承得業・玄兼來、爲彼宣下悦申也云々、有小盃、」

（20オ）

七日、戊寅、

爲果祈雨願、於南都有相撲、但無打勝云々、子細太不審也、

細川氏建寺用の材木舟を興福寺設置の諸關を通過せしめんとす
興福寺これを許容せず
細川氏分國内に寺門の關を立てしめざらんとす
よつて學侶六方衆神水集會を四恩院に催し次第大訴に及ばんことを圖る
衆中衆勘を理由に經覺の春日社參を阻止せんとす
春日社參を延引す

筒井方六方衆も經覺の春日社參を支ふ
澤廉光京都にて死す

一任英・光藝來、爲一座之悦也云〻、仰悦之由了、則召眼路寺門（興福寺）事共尋了、兩人語申云、昨日令同道泰承得業、可參之由令契約之處、嚴密集會之間遲〻候、其子細者、兵庫（攝津武庫郡）以下寺門關者、細川（勝元）寺ヲ作候財木（材）舟ヲ可通之由申、於寺門不可叶由返答之間、於細川分國者、寺門關不可立之由內〻形勢漏之、仍爲寺門爲重事之間、學侶・六方令會合（四恩院）神水爲之、仍肝要可及次第大訴之由評定云〻、」（20ウ）

八日、己卯、

予社參事、衆中衆勘事也、可相支之由申送門跡旨申賜了、存外之至也、自宗規摸之宣下、奉忽諸之条、冥顯豈無其果利哉、自元彼一類（筒井）妬如此勝事、專自分之威勢者共なる間、每度逢横災、悉以致犬死、乍見其爲躰、猶如此相振舞間、併招自滅者歟、但立合可社參之条、狂人走者不狂人走ニ相似之間、先可延引之由可相觸者也、」（21オ）

一藥師呪千反唱之、

九日、庚辰、

自六方筒井方、彼參社事同篇ニ申送門跡之由申給了、比興之次第也、

一澤伊与守（廉光）爲逢醫師去六日上京都之處、昨日八日於京都逝去云〻、仍今日以輿取下、則通波（添上郡）多森云〻、神罰歟、

旬講問
大乗院覺尊忌日
時正
恒例百萬反
興福寺千部論
三寶院滿濟忌日
恒例念佛六萬反
祐盛嵯峨五大堂に参る

十日、辛巳、
有風呂、入了、
一榼一双・折一合装〔粧〕弘得業賜之、松茸少ゝ在之、初見之由仰遣了、
十一日、壬午、
旬講問以下如例、
一新宮（大乗院覺尊）忌日、懃行如形修之、
一自今日入時正、恒例百万反唱之、
十二日、癸未、雨、
衆中以下緩怠之子細等自方ゝ申賜了、
（21ウ）
一自今日於興福寺千部論在之云ゝ、何事祈禱哉、
十三日、甲申、
故三宝院准后（滿濟）忌日也、依爲恩人如形懃行爲之、
十五日、丙戊〔戌〕、天曇、
恒例念仏六万反唱之、
一祐盛來、明日可參嵯峨之五大堂果宿願云ゝ、廿五ヶ日進代官、當結願月故也云ゝ、仍事付

宇高某經覺を風呂に招引す
觀月
松茸飯
筒井方衆勘を理由として經覺の春日社參を支へ諸廻請より除くべき旨所々に申送る
學侶之に與同せず
六方衆も筒井一類以外の者は贊同せず
經覺大勢の筒井方に傾くを恐れ諸方に意を通ず
興福寺別當勝願院良雅への書狀
一乘院惠信の時以來門主を停廢し遠流に處する際は滿

教法院了、
一宇高立風呂招引、予入了、又榼及晩一双・髪籠二柿・柘榴、賜之、仰悅之由了、
一宇高若黨等燒風呂之間、山水一桶遣之了、
(22オ)
一有月遊、如形翫小盃了、但月曇曚欝、」誠有名無実歟、携風雅者定失興歟、
一播州(古市胤仙)幷禪覺(懷舜)・延淨以下、翫松茸飯以下、令賞翫了、有其興〳〵、
十六日、丁亥、
今度支申社參子細者、先年爲衆中予處衆勘之間、押而社參失面目云事也、結句可除諸廻請之由申送所々云々、不可說沙汰外事也、仍內々付才學之處、去九日自衆中牒送學侶・六方、於學侶者、爲沙汰外不能返答、至六方者、彼等一類少々罷出、任雅意雖加評定、多分不共許間、同心難義之由一決返答了、而彼一類纔九人罷出令蜂起云々、比興之次第也、
(22ウ)
然而自當方無仰遣旨者、當時權勢也、諸色定可從彼命歟、」仍嚴密仰遣了、先寺務狀(勝願院良雅)、
今度一座宣事、於顯宗者、法相一宗之外無其例事候、邂逅之儀、滿寺之光花無比類候之處、寺社之魔緣等妬其榮幸、御社參以下支申候、言語道斷之狼藉、不可說之次第、伊豆僧正(一乘院惠信)御房以來、或令停廢門主、或雖申行遠流等候、皆以滿寺一味之訴訟候き、(陣ニ於テ、前興福寺別當惠信等ノ罪名ヲ議スルコト、山槐記・兵範記・百練抄仁安二年五月十三日ノ條ニ、惠信ヲ伊豆ニ配流スルコト、兵範記・百練抄同月十五日ノ條ニ見ユ、)雖然未聞衆勘之例、惡

寺一味の訴訟あり衆勘の先規なし

別當筒井方に與同せば大乘院門跡所屬の諸供諸御願の奉行を改替すべし

別會五師及び供目代方へも同じく通達す

（23オ）

逆之甚事禁而有餘事候、定可有其果利哉、仍以前雖号衆勘、云寺務、云住侶、無先規事候間依不共許、諸廻請等無替篇候、而今度又可除申○（廻請）之由相觸候云々、若以除申廻請被居寺務之判形候者、於彼御被官人者被處嚴科、至寺家之諸奉行者、」當門跡所屬之諸供・諸御願永可被除之、至所從等者、可有嚴密御沙汰候、不可驚思食由、可被申沙汰旨、可申由所候也、恐惶謹言、

八月十六日　覺朝

出世奉行御中

（23ウ）

別會（良朝）・供目代（懷實）所への奉書案

就今度御社參事、南都衆中可支申之由結構、希代之緩怠候、結句可除申諸廻請之由相觸云々、若事実候者、言語道斷次第候、凡彼黨類事、自元爲寺社之魔緣、妬眞俗之光花者候間、如此重職榮幸之題目、立目逆耳条、雖不驚思食候、當于時御迷惑候、以前既」依無先規、滿寺不共許間、諸廻請等無相替篇候き、隨而今度雖牒送六方、於集會之砌者、難同心之由評定一決之間、一類之惡黨等少々罷出令蜂起云々、不可說〱事候、所詮稱彼等之命、被除申廻請候者、被處非常之嚴科、當門跡所屬御願・諸供以下悉可被改替候、可令存知給旨、被仰下候也、恐々謹言、

越前坪江鄉政所高屋一鏡房日限を超ゆるも供料以下を沙汰せざるにより改替すべき旨尋尊に告ぐ

古市祭禮猿樂三番あり

經覺物を三寶院義賢に贈る

東北院俊圓佛知院を相續するにより大乘院尋尊の門弟となる

折紙料千疋を納む

法雲院實意をして三百座講問を始行せしむ

長谷寺法樂

八月十六日　覺朝

別會五師御房

供目代所へも文章同前也、

一坪江鄉(越前坂井郡)政所(高屋一鏡房)事、依予口入暫閣之、今月十五日と日限之差了、而至昨日不及音信之間、此上者」申請門跡可改替欤之由、遣奉書於納所(懷尊)了、

(24オ)

一當所祭也云々、猿樂三番爲之、播州以下令出仕見物了、

一榼一双・一種遣三宝院(義賢)了、

十七日、戊子、

中務(賢秀)・善性來、語云、東北院俊円僧正昨日參門跡可爲門弟之由申之云々、是依仏地院相續也、折紙千疋進之、自門跡引出練貫一重・香合一・引合云々、初參之處、一獻濟々在之云々、可爲如何事哉、

一光源來、小泉(重榮)公事仰試了、然而無正躰請申間、手モ力モ不及事也、

一自今日因明未題ニテ三百座講問事仰付実意(法雲院)僧正了、

十八日、己丑、

觀音經六巻讀之、法樂長谷寺了、少呪等同唱之、

大乘院孝尋月忌
安位寺一﨟長算をして大威德護摩を行はしめ供物等を注進せしむ
興善院清憲古市胤仙等合戰奈良邊の事を評定す
小泉重榮と合戰の事を談合す
古市胤仙小泉重榮をして豊田頼英を訪はしめ合戰につきて評定せしむ
古市と木津間の紛争經覺の口入により落居す
興福寺別當良雅一座宣を賀し諸廻請事に私曲緩怠せざる旨を申す

一後已心寺（大乘院孝尋）御房月忌也、懃行等沙汰之了、
（24ウ）
一自今日大威德護摩可沙汰之由、仰付安位寺一﨟長筭法印了、供物已下可注進之由仰遣了、
一清憲（興善院）・播州以下、合戰幷奈良邊事条々評定了、
一三宝院返報悦給了、
十九日、庚寅（×午）、
実意僧正給狀有申旨、遣返報了、
一澤伊与守事、室生長老所（圓空）へ予遣了、
一小泉重榮來、合戰事談合了、以非色身（職）評定不可事行歟、又合戰令治定者、無會合者（×▒）不可叶歟、所詮古市・小泉兩人令同道罷向豊田（頼英）可評定之由仰含（×▒）了、仍同道向了、
（25オ）
一古市与木津公事、依予口入落居云々、」仍木津弟愛童丸來了、懇悦仰了、以次白布一端遣了、
一寺務僧正良雅以前返報□□、
御奉書之旨謹承了、
抑今度一座宣御事、邂逅之御眉目珎重候、付中寺門諸廻請事、不可存私曲等閑候、但爲當職無其沙汰題目候上者、同就各々之職被仰付候者可然哉、於當職者、更以不可有緩怠儀之由、可有御披露候、恐々謹言、

八月十九日　良雅

龍守殿

經覺返書

返答云、

芳問趣承了、

抑一座宣事、自宗之眉目無比類之處、彼」一類寺社之魔縁、号澁申　勅定候之条、誠澆季之至極候、結句諸廻請以下不可相載由相觸(×▒)之条、可謂違勅者歟、無言語事候、但以前雖(×被)被處　勅勘、不恐申而打入南都、恣相振舞之間、狼藉不限今度候哉、次諸廻請事、各々可加下知之由承候哉、別會・供目代事、寺務御代官之上者、堅可被仰付候、若致緩怠候者、就卽躰可處(×及)嚴科之条、雖不能左右候、無御下知之儀者、弥可存自由之間、如此申候、其上事無力次第候也、謹言、

（25ウ）

別會五師供目代は別當の代官なれば堅く下知さるべし

八月十九日　經(花押)

別當僧正御房

（26オ）

廿日、辛卯(×未)、

有湯、入了、

古市胤仙松茸を進む

一播州松茸一盆持參之間、召面々朝飯賞翫了、

旬講問
良雅書状
寺務の下知に別會五師供目代が應ずるや否やは不審なり
下知に随はざる者は嚴科に處す
九條經教月忌
東南院珍覺大乘院所藏の三藏繪を校見せん事を乞ふ

廿一日、壬辰（×申）、
旬講問以下如例、
一別當僧正給状、
御教書之趣畏拜見了、抑諸廻請事、仰之趣別會・供目代可令下知候、但今程折節可應寺務之下知之段不審存候、其段事且御賢察之前事哉、雖然於寺務曾不可有緩怠之儀之由、可有御披露候、恐々謹言、
八月廿一日　良雅
（26ウ）
龍守殿

委細芳問爲悦候、抑諸廻請事御下知爲本意候、於不承引躰者、何様可加嚴科之條、只今申談子細候、不可及御劬勞候、於相應事者、可承存候、不可有等閑之儀候事候、期後時候也、謹言、
八月廿一日　經（花押）
一故大閤（九條經教）月忌也、懃行等如形修之、
一東南院珎覺僧都賜状、遣返報了、三藏繪所望一見之志在之云々、尋尊禪師定不可進欤、院

院中不出を稱し之を辭す

中不出之繪也、破法可申条斟酌之由仰遣了、

（27オ）

一就一座事、衆中幷方（衆カ）向事可沙汰子細等、以賴弘（秀）仰談淸憲了、

一松茸一折敷遣播州了、畏申者也、

光物

一自京都下向者語云、去五日亥刻飛光物者、比叡山ヨリ至五条飛、自五条又取テ歸テ南禪寺ノ上ヱ飛畢、假令笠ヱトメナル物ノ上首《クヒ》二在之、光如月云々、希代光物也云々、

一与一男向立野了、信貞（立野）男方へ有仰遣旨、

坪江郷政所高屋一鏡房供料以下を濟納せず

一德市法師申上、高屋于今一切不及所濟之由申給了、不可說事也、

一吉阿上京都了、

廿二日、癸巳、

（27ウ）

太子法樂

如意輪呪千反唱之、法樂太子了、

越前河口荘細呂宜郷より御服料を沙汰上す

一京都へ上人了、細呂宜郷（越前坂井郡）御服少々沙汰爲取下也、宰領千松丸上了、

廿三日、甲午、

山城菅井荘管領を南都奉行に就き申すべき旨祐盛に指示す

付菅井（山城相樂郡）事、自祐盛方有申旨、遣案文以下了、就南都奉行（布施貞基カ）可申管領由事也、

菩提山年預一座宣を賀し物を進む

一𦬇山年預來、今度一座宣事爲賀申云々、榼一双・一籠（栗柹）給了、仰悅之由了、

坪江郷下向の仕丁武光先政所高屋一鏡房

一坪江下向仕丁武光來、先政所（高屋一鏡房）無沙汰子細不可說事共也、則自納所も申賜了、

の供料無沙汰を報告す
經覺筒井方との紛争沙汰のため宗乗専秀の内一人を召す
地藏勤行
足利義教忌日
大威德護摩結願
天滿法樂
祈雨のため八嶋にて一會を行ふ
經覺紛争沙汰のため宗乗専秀及び小泉重榮の勢を召す
大乘院孝圓及び經覺亡母正林忌日
小泉重榮手の者を參上せしむべき旨申す
迎福寺附近に梟鳴く
經覺甲斐常治に酒肴を贈る

（28オ）
廿四日、乙未、
就愚身公事可致沙汰子細在之間、仙觀（宗乗）歟円蓮（専秀）歟、兩人之内一人明日必ゝ可來之由仰遣了、
一地藏懃行如例、又普廣院（足利義教）忌日也、懃行如形沙汰之、奉訪了、
一大威德護摩結願之由、安位寺長筭法印進卷數了、用途三百疋遣之、
廿五日、丙申、
天滿法樂心經二十五卷讀、法樂了、
一依祈雨宿願、於八嶋（添上郡）在一會云ゝ、
一円蓮來、仍予公事雖隱蜜、來廿八日可沙汰、仙觀・円蓮幷小泉勢少ゝ可給之由仰含了、」
（28ウ）
廿六日、丁酉、雨、
木阿上京都了、
一故御房（大乘院孝圓）幷禪尼（正林）忌日也、令備進靈供、令讀誦法花了、
一小泉給青侍男彦次郎、勢事可進之由申賜了、仰神妙之由了、
一子刻梟當坊丑寅角カシノ木・東ノ榎木等ニ□、犬ヲヨヒ了、可謂希有、
廿七日、戊戌（戌）、雨、
甲斐（常治）所へ上榼一荷、於肴者松茸歟、於京都可取遣旨、仰含木阿了、

宗乘專秀及び小泉勢來る
大風雨により紛争沙汰延引の飛脚を遣すも六方衆は來著す
藤原在家燒失
梟鳴くにより仁王講五座を行ふ
大風により所々破損す
古市居住の學侶六方衆を召し紛争沙汰につき談合す
經覺古市居住の六方衆及び古市胤仙勢宇高某の勢等を南都に遣し六方書狀の筆師高專を罪科に處す
古市居住六方衆供目代懷實に六方牒送に

一仙觀・円蓮・小泉勢少々來、大將辰巳也、
一自日中少風雨、而自酉下刻大風甚雨以外事也、
一依雨可延引彼沙汰間、遣飛脚處、早方衆共來、慮外、」（29オ）
一丑刻藤原在家燒失了、大風大雨時分也、
一夜前梟希有之間、於宮仁王講五座行了、
廿八日、己亥、霽曇不定、
夜前大風至卯刻吹了、所々破損欤、此邊も木共吹切了、
一當所住學侶・六方衆懷舜・淸憲・光英・宗乘・堯弘・円蓮・頼秀・播州以下召寄、彼題目令談合可沙汰之樣仰含了、有一獻、素麵・餠等也、
一荒神呪・聖天呪・慈救呪各千反唱之、
一大安寺玄忍房松茸二籠賜之、悦遣了、
一亥刻當方々衆宗乘仙觀房、・堯弘延淨房、・▒〔専〕秀円蓮房、・頼秀、善明房、播州一族・若黨召仕者共、宇高勢十四五、合甲百餘遣南都、高專春顯房、今度筆師、下人」（29ウ）家令破却、於郎躰者處重科□（了カ）、則別會・供目代所へ付書狀了、使當仕武淸仕丁也、
去九日稱六方之衆議、一類別心之輩、安位寺殿樣可奉除諸廻請之由、令牒送于別會・

與同すべからざる旨申入る

供目代方云々、事実候者言語道断之次第也、全非満寺共同之沙汰候上者、曾不可被許容候、尚以被敍用彼牒送旨候者、當方者可及嚴密沙汰之趣、申送于別會等候、可被得御意之由、能々可有御披露候旨評定也、恐々謹言、

八月廿八日　　　古市居住
　　　　　　　　六方衆等

供目代御房

別會五師良朝へも高專處罰の趣を申送る

高專下人の家を破却し火を放つ

高專坊舍の破却は閣く

衆徒沙汰衆の處罰は吉田通祐の意見により延引す

別會方へ、高專春顯房、就六方書狀之筆師、加重科候、可得意之由申遣了、大方文章同篇也、（30オ）彼下人所破却之處、移時刻之間、如形打破之後、や□□〔かてカ〕付火燒了、於六方衆者、破却在所ニテ吹□〔貝カ〕畢、於沙汰者强弱不可相替之間、令乱入彼住坊、可切門之由雖仰談、定不可爲此分歟、重又坊舍沙汰可然之旨、面々申間、付其意見了、仍今夜者不致沙汰者也、

一衆徒沙汰衆事、尤可沙汰事也、則其分加下知之處、吉田伊豆有申子細之間、今蹔延引之由返答畢、

三百座講問結願

一因明未題ニテ三百座講問事結願之由、実意僧正賜卷數了、

廿九日、庚子、

高專珍藏院宗秀に就き六方書狀の筆師にあらざる由を申し罪科免除を請ふ

夜前罪科高專、春顯房、以珎藏院宗秀得業、延恩房、懇望、就其今度筆師事、曾以不存知、可預糺明之由申之、次不存知上者、早可蒙免除、若自敵方被免除者、可爲後々胡乱之由申云々、」

經覺筆師の人躰明らかならざれば免除しがたき旨返答す

（30ウ）返答云、如申狀者、令迷惑者也、然者筆師事、誰人哉可明申、不然者其科難遁之由仰遣
了、

大風により奈良城殆ど破壊す

一大安寺福生院松茸十本給之間、方衆共幷播州以下、夕飯賞翫了、有其興者也、
一夜前大風ならの城大畧吹破了云々、仍今日馳走無申計云々、
一吉阿下向了、
卅日、辛丑、

魔界理趣分轉讀

魔界廻向理趣分一巻令轉讀了、入湯了、

松林院貞兼衆中沙汰として經覺を仁王講より除くべき旨を申す由報ず

一貞兼僧正申給云、只今衆中入書狀可除仁王講于愚身之由申間、再三雖申子細、可及嚴密
沙汰之由申懸之間、進退谷旨申給了、不及返事、」

（31オ）

九月小〔大〕

朔日、壬寅、天曇小雨、
千德万福幸甚〳〵、

旬講問

一旬講問二座・金剛經以下如例、

千巻理趣分
古市胤仙菓子酒を經覺に贈る
餅祝著
南都六方衆奈良止住の古市胤仙下人に用途を課す仍りて敵方下人にも用途賦課を一決す
經覺を仁王講より除く旨請僧方より申す
千願理趣分結願
越智家榮南方合戰に備ふ旨報ず
豐田頼英の返答不分明により古市胤仙使として吉田通祐を遣す
古市胤仙奈良を攻む
豐田頼英の返答違亂あり

一千巻理趣分初之、又普賢延命呪千反・不動合行呪千反唱之、
一播州(古市胤仙)一鉢菓子・一瓶給之、仰悦由了、
一餅祝着了、
一自六方、南都播州ナラノ下人共ニ懸用途了、(×云々)先日春顯(高專)所□(住カ)破却ノ報答云々、仍面々評定在之、
又敵方下人共ニ可懸用途之□(由カ)一決評定了、

(31ウ)

一今日仁王講ニハ予除之云々、自請僧方申賜了、
二日、癸卯、
千巻理趣分巳刻結願了、
一懐舜自越智(家榮)歸來、合戰事南方之儀令周備云々、神妙也、就其播州以下事子細尋聞了、目出〱、
一如此處、豐田(頼英)返答不分明子細在之間、又吉田伊豆房(通祐)爲播州使罷向了、
三日、甲辰、
木阿令下向了、
一酉刻播州ナラヱ矢入爲之、甲百計云々、
一豐田返答又有違乱、仍延引歟、比興〱、

四日、乙巳、

赤口日により矢入なし

依赤□〔口〕日矢入等無之、

（32オ）

五日、丙午、

古市胤仙勢奈良を攻む

奈良勢攻寄するにより古市胤仙應戰す

播州勢自夜九打程出了、（於三条口）有相尋子細云々、然人不通之間、（辰下刻）城矢入爲之歸了、於城西木戸口、これ之召仕立野与一男負手了、足ヲ被射了、不苦者也、午刻自奈良寄了、仍播州以下罷出之間、少々矢師分ニテ引退了、而又五十計寄之由申間、又罷出云々、

布施行種越智家榮等南方合戰の評定をなす

一仙觀〔宗乘〕來、条々仰含了、申云、昨日於布施〔行種〕与越智・鳥屋等會合、北儀不一同間、於南可有合戰之由評定云々、

胤仙奈良を攻む

一酉刻播州又寄奈良□〔了〕、

一自已心寺松茸一盆賜之、仰悅之由了、

（32ウ）

筒井の祭

一今日筒井祭云々、

一清憲〔興善院〕於懷舜局有酒盃、□〔翫カ〕如意賀云々、

六日、丁未、夜雨、

小泉の祭

今日小泉祭也、仍宗乘仙觀、等依指合不來、可爲八日之由申之、明日マテ指合云々、

土用に入る

一自今日入土用、

七日、戊申、天曇、

乳母忌日

乳母〔忌脱カ〕日也、少勤行爲之、

八日、己酉、霽、

藥師呪千反唱之、

菊綿を著く

一着綿於菊了、九重、

一自長谷寺松茸五籠給之、仰悦之由了、

一賢尊得業松茸一籠給之、

（33オ）

東北院主俊圓矢田の松茸を観る

一今日東北院俊円僧正爲見松茸向矢田□〔云々カ〕、

九日、庚戊〔戌〕、霽又時雨、

菊花を服す

今朝令忘却、食事以前〔×▒〕不服菊花、仍思出已後服之、

一古市播州赤飯一鉢・栗・柿・一瓶給之、祝着了、

一惣節供朝飯用之、

房官節供を調進す

一節供房官所調進之如例、予着藝〔褻〕衣、手長龍守丸、當色、役送覺朝、少衣、

徳市越前より絹綿を持参す

一徳市法師自北國上洛、絹二卷・綿五屯當年分半持來了、當節日所祝着也、

（33ウ）

十日、辛亥、

古市居住方衆興福寺別當勝願院良雅及び供目代懷實に沙汰落居まで諸廻請を成すべからざる旨申入る

經覺懷實に法華會廻請に載するや否やを問ふ

懷實法華會廻請には七大寺別當を載する旨答ふ

經覺現任僧綱を載する旨を主張し永享の諸廻請進上を命ず

大乗院覺尊忌日

九條家領能登若山莊につきて云ふ事あり

小泉重榮松茸を進む

（34オ）

有湯、入了、

一自當方六方、入寺務(勝願院良雅)并供目(懷實)代于書狀了、彼沙汰一途治定之間、諸廻請等不可成之由事也、

一自是仰供目代云、法花會廻請ニ不可載候歟否□可申是非返事、就其可沙汰子細在之間、如此□仰了、返答云、法花會廻請ニハ七大寺別當載之由、六帖草子面分明也、只今仰難意得云々、重仰云、法花會廻請ニハ現任僧綱悉載之、何自七大寺別當載之申哉、不審千万也、所詮自永亨(享)六年至同九年諸廻請可進之由、仰遣了、

十一日、壬子、

句講問以下如例、

一新宮忌日(大乗院覺尊)也、懃行如例修之、

一自九条就若山(能登珠洲郡)事有申子細、述所存了、

十二日、癸丑、天曇、

仙觀・円蓮(專秀)來、

一小泉(重榮)松茸廿本賜之、仰賞翫之由了、

一以光英禪順、有仰播州子細、如本意返答之間、令爲悅物也、

□(一)入夜有小盃、方衆共會□(合)了、

（34ウ）

十三日、甲寅、雨、

名夜破鏡、甚以曚欝也、可謂無念、入夜翫小盃了、方衆共在之、

一遣与一男於立野了、

供目代懐實法華會廻請につき古市居住六方衆及び經覺の申入れを承引せざるによりその進退を評定す

また懐實の勅願納所職改替につき尋尊に申入る處供料無沙汰により既に改替の下知を下す旨返答あり

十四日、乙卯、

条〻有評定、其衆清憲・光英・宗乘・堯弘・專秀・賴弘等也、先供目代進退事問答宜胤（古市）等了、是法花會廻請楚忽ニ不可成之由、自方問答之處、不承引故也、又自是同問答之處、共以不承引間、勅願納所事可改替之由、內〻仰談門跡（大乘院尋尊）之處、泰祐法橋返答云、夏事以下無沙汰之間」去十一日可有改替之由御下知了、只今御沙汰令符合者也云〻、事終有小盃、

（35オ）

一今夜所〻可沙汰之處、雨下之間、無其儀者也、

十五日、丙辰、雨、

恆例念佛六萬反

恆例念仏六万反唱念之、

一条〻今日又有評定、今夜も雨下之間不沙汰、所存外者也、

一懷舜可來之由仰遣了、明日可來云〻、

河內太平寺より卷數を進む

〔一〕□自大平寺給卷數了、仰悅之由了、

發心院宜胤松林院貞兼の所勞再發を告ぐ

一宜胤來、所勞之後初出仕也、語云、貞兼僧正所勞以外再發云〻、

（35ウ）
一与一男自立野歸了、
十六日、丁巳、
理趣分十六卷・普賢延命呪三百反・當年星呪三百反唱之、各千反可唱之處忘却了、比興、
一葛木山ニ雪見了、
（葛城山に雪を見る）
一延命寺祭云〻、金春子爲之、兒共向見了、
（延命寺の祭）
十七日、戊午、霽、霜初置了、
今日大宅寺祭云〻、
（大宅寺の祭）
一自奈良來者語云、夜前法花會加行者共、自此方可召取之由有沙汰、終夜用心爲之云〻、可謂比興、
（法華會加行衆經覺方の追捕を恐れ終夜用心をなす）
一先日罪科者高專春顯房、自宗秀得業取申間、可免除之由仰遣了、
（高專の罪科を免除す）
（36オ）
一猿樂金春七郎（元氏）爲礼來云〻、仍令對面、馬一疋小黑、遣了、
（猿樂金春元氏來る）
一有湯、入了、
一懷舜禪覺、來了、
十八日、己未、
後已心寺（大乘院孝尋）御房月忌也、懃行如形修之、
（大乘院孝尋月忌）

管領畠山持國禪住房承操を春日社領越前國坪江郷政所職に補せんことを求む

一坪江（越前坂井郡）政所事、承祐之ヲヰ禪住房承操申旨、管領畠山（持國）執申、迷惑者也、

就越前國坪江鄕政所職事、禪住承操申子細候、預御許容候者可畏入候、巨細木澤左近（秀繼）大夫可申上旨申含候、以其趣可□（然）様御披露候者、所仰候、恐惶謹言、

九月十五日 □

尊光院御坊

經覺返書

（36ウ）

返事案

承祐一旦代官の號を以て永領御判を賜ふにより改替す

芳問之趣委細承了、此間細々不申所存、殊更非踈略如在候、每事定賢察候歟、抑坪江鄕政所事、承祐以一旦代官之号、申賜永領御判之条、爲神領不可然之由、寺門令欝陶改替き（候脱カ）、巨細之趣以木澤可申談候、五代承事候間、更無等閑之儀候也、恐々謹言、

九月十八日 經覺

畠山殿

木澤返事、今日覺朝可書遣之由、仰含了、

功德湯

一有功德湯、入了、

興善院淸憲等世上事を評定す

一世上事、淸憲以下評定了、明日每事可沙汰云々、

長谷寺法樂

一觀音經六卷讀之、法樂長谷寺了、

（37オ）

一後已心寺（大乘院孝尋）□□（御房月）忌也、懃行如形修之、　○コノ一行重出ナリ、

大乘院孝覺正忌

十九日、庚申、

已心寺（大乘院孝覺）御房正忌也、如形奉訪了、

奈良攻めにつき評定す

一条々談合在之、奈良向事也、

懷舜光英の母重病

一禪覺兄弟（懷舜・光英）依母違例大事、夜中飛脚走付之間罷歸了、

廿日、辛酉、

宇高某細川勝元に仕へんため上洛せんとす

宇高事、先管領細川（勝元）可扶持之由申間、近日可罷歸云々、早速之儀太不審也、若有子細歟、如何、

法華會精義

（一）□當年法花會精義事、　眞乘房　舜榮房得業（賴慶）

普賢堂（英弘）　性□房已講（良朝、別會）　長信房　深円房得業（宗春）

龍田（英舜）　順專房得業　行源房　顯春房五師（光舜）

□舜房（緣カ）　春聖房得業（專尋）　□公　琳□（永秀（舜房））

（37ウ）

廿一日、壬戌（戌）、

旬講問

旬講問・金剛經等如例、

九條經教月忌
越前坪江郷政所の事につき木阿を上洛せしむ
經覺衆中沙汰衆住屋破壞のため古市勢を遣す
古市六方衆も南都方衆を攻む
宇高某上洛のため河内に赴く
太子法樂
昨夜の夜戰により水坊大輔房討たる
六方衆地下人緩怠により東大寺に牒送す
湯治
水湯

（一一）（九條經教）
□故大閤月忌也、備進靈供如形懃行了、
一木阿上京都了、是坪江事自管領申間、爲其上了、
一衆中沙汰衆住屋爲罪科、古市一族・若黨・矢負以下子刻遣之、方衆又南都方衆兩人幷去月唯識講頭身分政快、賢観房、方衆宗懷蓮禪房、・行実（×▒）祐玄房、兩人罪科了、方衆ハヒカヰ里ロニテ吹貝了、歸宅之時分及鷄鳴畢、事外防戰之間、矢負兩人負手了、
一今日大閤之月忌也、尤可加制止事也、然而惣議□自專之間、無力遣人共了、
（38オ）
一宇高□（今カ）日爲上京都向河州云々、進退令落居□□大河原毛・大刀、子息新三郎□一疋出之云々、
廿二日、癸亥、
如意輪呪千反唱之、法樂太子了、
一自南都申云、夜前之儀當方之沙汰隨分也、隨而水坊大輔房被打了、子息負手半死半生云々、事始神妙也、面々悅來了、
一遣六方狀於東大寺了、地下人等緩怠事也、
一自今日湯治爲之、先水湯也、
廿三日、甲子（×丙）、

藥湯

大僧正一座宣を賀し綱所賀札を進む

經覺當時陣中たるにより延引を命ずるも重ねて進むるにより請取る

威儀師慶暹賀札

（38ウ）

光英來、
一田中靜(淨)観(嚴弘)來、筒一双・柿等給之、銚子提一具遣了、○コノ一行、前行ノ下ニ書ス、
一今日藥湯也、
廿四日、乙(×丁)丑、
就一座宣事、綱所賀札白帳(張)着之、鎰取持來云々、仍仰云、此邊事當時陣中也、有限色節難合期、急と令延引可持來之由仰了、而重申云、陣中□京都にも存知事也、雖如何樣儀候、可被請取□目出之由申之云々、既及黃昏之間、難返之由申之(×了)、然者可留宝樹庵之由仰付了、万里(萬里小路時房)先內府奉書付淨南院(泰祐)教導之分也、又綱所相副書狀賀札事、

言上
　安位寺前大僧正御房法相宗一座宣御慶賀事
右雖御理運事候、臨期承悅之至、上啓而有餘、殊企參賀之間、且言上如件、以此旨伺
松容可令洩披露給、慶暹誠恐頓首謹言、
　七月廿八日　威儀師慶暹
進上　大納言得業御房
從儀師文章同前也、

地藏勤行
足利義教忌日

一地藏□(勤)行如例、又普廣院(足利義教)忌日也、如形奉訪了、」

(39オ)

□□(一、)(榼)一荷・白壁一合・餅一盆淸寛(興發心院)得業、

澤廉光の死を悼み法華經等を贈る

一澤伊与守(廉光)事、懇志異他者也、不慮之逝去不便之間、法花□(經)一部・折二合・茶五十袋遣了、付室生寺上人(圓空)可傳之由仰遣了、

廿五日、丙寅、(×戊)

天滿法樂

天滿法樂心經如例、融通念仏千二百反唱之、

木阿坪江鄉政所につきて木澤秀繼の意見を傳ふ
經覺畠山持國の承操推擧を領狀せんとす

一木阿下人了、坪江政所請口事仰談木澤之處、令難澁之条、定不所存可存歟、且可爲如何樣哉之由申云々、難義千万事也、然而彼禪門(畠山持國)事、代々厚恩之躰也、取分愚身蒙恩了、可默止之条、不知恩歟、無力今□(度カ)事ハ可領狀之由思給者也、

一室生返事悦給了、又澤藤若丸返事悦遣了、

廿六日、丁卯、(×己)

大乘院孝圓及び經覺亡母正林忌日

故御房(大乘院孝圓)幷禪尼(正林)忌日也、備進靈供致少勤行了、

(39ウ)

經覺畠山持國の推擧を領狀せし旨返書を送る

□(一)坪江請口事、管領への返事案

就越前國坪江鄉政所事、委細□□(承了カ)、此事□」再往雖執達候、難治千万子細候間、不領狀候云々、□□承題目者、爲雖何事不可默止申之由、深存置之間、不顧難義、今度事可隨

經覺綱所へ内々の奉書を遣す

大乘院孝圓任僧正の例に隨ひ下行す

懷舜光英の母死去す

宇高某討たる

春日社頭參籠衆内の法華會役者糺明のため人を遣す處新藥師寺邊にて筒井勢と矢戰に及ぶ

經覺古市矢負及び鹿野薗矢負に用途以下を與へ戰功を褒す

仰候、自元御扶持之事、向後別而被懸御意候者可悦入候、巨細以木澤左近大夫申候也、

恐々謹言、

九月廿六日　　　　經覺

畠山殿

計会子細近日木澤方へ仰遣了、

廿七日、戊(×庚)辰、雨、

綱所返事遣之、於外樣返事者、以有限規式請取之時可遣之、內々奉書を遣了、應永十二年故僧正(大乘院孝圓)□(任カ)僧正時下行跡隆舜注進之間、其分下行了、百五十□、

(40オ)□(一)□□□□(懷舜・光英カ)母去廿四日逝去云々、今時分尤不便也、又所用時分計會也、

一酉下刻自京下者云、宇高今朝被打云々、如□(案カ)楚忽上洛比興事也、父子・若黨等十六七人之由、先有其聞、不便之事也、後聞子息未無爲云々、

一就(マヽ)社頭參籠衆之內法花會役者在之、自不退出者可引出之由爲問答遣人之處、筒井以下者新藥師寺邊相待所へ、矢負少々行合之間、既欲及珎事、然而矢ヲ射違テ引退了、勇者之所致也、神妙、

□(一)當所矢負中へ榼一荷・柿一籠、鹿野菀矢負中榼一荷・柿一籠、鹿野菀五郎四郎・古市下

（40ウ）

人彦大郎・手負二人、合四人高名者用途百疋遣之、又三連□〔遣〕了、各畏申者也、」

廿八日、己巳、

荒神呪・聖天呪・慈救呪各千反唱之、

興福寺學侶法華會以下の諸廻請に經覺を載する旨古市止住學侶六方衆に牒送す

一自學侶牒送狀案

就法花會施行事、依不載申安位寺殿於廻請、可及會式御抑留之由御牒送之間、學侶致劬勞、則可奉載法花會等之諸廻請旨治定候、此趣申遣沙汰所候、事諸篇無爲無事珎重之旨可得御意之由、評定候也、恐々謹言、

九月廿八日　供目代懷実

古市止住學侶・六方衆御中

古市學侶六方衆法華會廻請の送附を請ふ

（41オ）

返事案

就當年法花會事、依衆中六方非儀之申狀、安位寺殿無□之諸廻請候之条、不得其意間、當會事可抑留」申□及□之處、始自法花會廻請而向後者任今□〔度カ〕宣下旨、爲僧綱一座可被載申於諸廻請之由御牒送目出候、仍當會廻請急送賜、備申門跡〔經覺〕御覽、法會無事之御返牒可令申旨評定旨、可有御披露候、恐々謹言、

九月廿八日　古市居住 學侶・六方衆等

法華會廻請を經覺に送る
學侶使節を以て諸事談合すべき旨申入る
使節參會を諾す
藥湯治
魔界廻向理趣分轉讀
法華會始行

（41ウ）

供目代御房

入夜法花會廻請自供目代方賜之、予載之、比興之至也、

廿九日、庚午、

學侶狀

今度法花會事屬無爲候条、惣別大慶不可如之候、就其者、來月二日以使節諸篇申談度候、可得□〔其カ〕意之旨候、今般會式事、毎事無爲□定也、恐々謹言、

九月廿九日　　供目□□□〔代懷實カ〕

古市止住
學侶・六方衆御中

來二日使節參會事、不可有子細之旨返答了、

一湯〔藥〕治至今日沙汰了、今度事外不宜、

卅日、辛未、

魔界廻向理趣分一卷轉讀了、

一有湯、入了、兼水湯了、

一遣春円於山田了、懷舜・光英爲弟〔弔〕之也、

一法花會自今日在之云々、寺務良雅〔勝願院〕僧正、供目代懷實、

中坊と木津源次郎の紛争落居す

旬講問

自讀千巻心經

古市胤仙酒肴を經覺に贈る

餅祝著

東北院俊圓酒肴を經覺に贈る

清憲宗乘と南都五師良朝光舜白毫寺に會す

奈良反錢を古市方抑留す

上屋修造料

一中坊与木津源次郎公事落居、粁足予一貫・古市二貫、且三貫遣了、小泉代官來之間遣了、」

（42オ）

十月大

朔日、壬申、霽、

千徳万福幸甚〳〵、

一旬講問以下如例、普賢延命呪千反・不動合□□(行呪)千反唱之、又自讀千巻心經讀了、

一古市(胤仙)一瓶・兩種給之、

一餅祝着了、

一自東北院(俊圓)折二合満中・素麵、・白壁二合・榼代三百疋給之、仰不思寄之由了、使ニ大刀一腰遣了、」

（42ウ）

一古酒一筒・巻皮一折清憲(興善院)給之、

二日、癸酉、霽、

清憲願勝房・宗乘仙観房、兩人向白毫寺、爲□南都五師也、依可(有)談合子細、良朝五師・光舜五師下向云々、牒送云、今度法花會事、無爲目出、次奈良反錢事、自當方抑留歎存、上屋修造粁也、可存故実欤云々、返答重可申云々、

老母の死去を弔ふため懷舜光英に物を遣す

越智にて會合すべき旨南方より牒送するも古市胤仙病により不參

九條家より南禪寺森藏主因幡堂中坊を越前坪江鄕政所に推擧す

月中に星入る

經覺松林院貞兼の去月仁王講大頭より經覺を除く事に與するを怒り處罰せんとす

古市胤仙貞兼のために執成す

三日、甲戌〔戊〕、

榼一荷・白壁二合・折一遣懷舜・光英所了、老母逝去訪也、畏悅之由有返報、

四日、乙亥、雨、夕霽、

明日於越智可有會合之由、自南牒送、而古市□〔依カ〕瘧病氣不可罷出、可順多分義之由申遣云ゝ、」

(43オ)

一自門跡〔大乘院尋尊〕坪□〔江〕鄕〔越前坂井郡〕事、南禪寺森藏主・因幡堂中坊兩人、自家門被執達云ゝ、

一今夜戌〔戊〕刻月中ヱ星入了、如何樣ノ天變哉、不□〔審カ〕、

五日、丙子、

貞兼〔松林院〕僧正事、去月仁王講大頭ニ愚身除之、爲門徒□□雖衆中沙汰依樣也、爲門徒身沙汰之次第存外之間、就被□可經嚴密之条一決了、然而門跡師範事也、彼僧正□雖不弁儀聊故実了、當月大頭定可除欤、然者□躰沙汰次可沙汰之由思定之處、當月別當僧正良雅、寺門之儀落居之間相加了、然上者無其次者也、仍可□〔致カ〕沙汰欤之由思給之處、古市播州種ゝ申〔×▒〕子細在之間、猶可加思案旨返答了、

一上慶陣於京了、

六日、丁丑、

□〔慶〕陣不下、不審、

松林院兼雅法華會遂業

(43ウ)□〔一〕□〔兼〕（松林院）雅禪師今日法花會遂業云々、精義永秀得業云々、

七日、戊寅、

慶陣午刻下了、

八日、己卯、

藥師呪千反唱之、

松南院人夫

一覺朝・吉阿上京了、松南院人夫一人召遣了、

九日、庚辰、

神殿荘名田間田一圓知行する旨名主等に下知す

神殿庄〔添上郡〕事、自此方可知行之由（名田間田分一円）、加下知名主等了、

興善院清憲松林院貞兼の罪科輕減を請ふ

一清憲來申云、松林院〔貞兼〕進退事、於沙汰次第者□、誠雖不可然、依心中之云無甲斐不存切之条、一ハ不□至、一者怖畏故候、所詮於公事者、如御意成下上□〔者カ〕、偏至科条者、可被寛宥之由歎被申〔又申〕、且可爲□□〔不沙カ〕汰哉云々、仰云、子細事舊了、不弁由緒沙汰之□□〔次第カ〕雖所存外、□〔於〕愚身者依存道理、暫閣嗷々沙汰」(44オ)畢、至□誠先落居姿也、其上衆中□方衆、或處重科、或治罸了、端々事□如可爲哀憐欤、仍可閣所存之由返答了、

經覺貞兼の處罰を閣くべき旨返答す

○料紙餘白アリ、

「（表紙題簽）安位寺殿御自記　八十 六十三」

「（表紙裏按文）本冊文明五年四月とあるハ誤なり、
文正元年三月・四月・五月なりと認む（花押）」

「（表紙、別筆）文明五年卯月
要　鈔
御判」

（原表紙、自筆）

要　鈔

（經覺）（花押）

（原寸縦二六・四糎、横二一・一糎）

○本冊、年月不詳ナルモ、干支ハ寶徳二年十月・十一月・十二月ノ干支ニ合致セリ、マタ□□〔十一〕月五日條ニ「發心院懐実以供目代身」トアリ、而シテ懐實、寶徳二年三月十二日ヨリ十一月十六日ノ間供目代タルコト『大乘院日記目録』ニ載ス、仍リテ本冊ヲ寶徳二年十月・十一月・十二月ノ日次記ト推定ス、ナホ本冊、十月十二日ヨリ十六日ノ間ノ記事ヲ、第四丁・第五丁ニ誤綴セリ、イマコレヲ日次順ニ改メテ收ム、

〔寶徳二年〕

〔十月〕

○第一丁闕、

〔十二日〕

十座横行等を召し山々に遣す

菩提山の萱を刈る

古市胤仙に所望して河内山の木を切る

(4オ)
□〔一〕□、

□〔一〕□所幷十座横行共召之、遣山〱了、□〔抹〕山萱今日モ葪〔苅〕了、

一河内山木一本古市〔胤仙〕ニ令所望切之、今日伐日也、仍昨日伐初了、二タキニアマル木也云〻、

堯阿・知了以下遣了、

十三日、甲申、雨、巳刻大雨下了、

普賢院弉弘春日若宮祭田樂頭指定につき經覺の意見を問ふ

普賢院弉□□□（弘得業カ）來、申云、當年田樂頭事被着（差）之、計會無極事、可如何哉云々、爲申助成欤、然而愚身事計會無比類者也、」（4ウ）雖非可甲斐〳〵歟、不可有等閑之儀之由令返答了、

一內山院主実濟（上乘院）僧都柿二籠賜之、仰賞翫之由了、

三寶院滿濟忌日

一三寶院准后（滿濟）忌日也、懃行如形修之、依爲恩人也、

一禪賢跡田新免、事、賢尊得業有申子細間、述所存了、

十四日、乙酉、霽、

元興寺領人夫及び横行を米山に遣し萱を刈らしむ　河内山へ杣及び横行を遣す

元興寺領人夫二人・横行一人遣米山、可苅萱之由下知了、

（一）□□□（河内）山へハ爲切木、杣一人・横行二人副遣□ラ了、

（一）□□爲之、」

（5オ）（一）□□袋給之、對面了、□用脚遲々由、自小泉（重榮）申之、剩□綺之由申之間、今月中事可申延旨仰遣了、

十五日、丙戌（戌）、霽、

古市胤仙一族等堀の口を掘擴ぐ

自今日辰巳通ノ上堀ノ口猶廣ク成之、播州（古市胤仙）一族・若黨三番ニ折テ罷出、可堀（掘）之云々、自□（是カ）□圓・与一男・藤若以下三四人出之了、

一仙觀（宗乘）來、

筒井順永古市を攻む
古市勢岩井川に迎撃す

松林院貞兼に堀人夫を課す

東大寺惣持院物を經覺に贈る

九條不斷光院尼衆室生寺より古市に歸る

逆修始行

一恆例念仏唱念之、

　十六日、丁亥、

（5ウ）

早旦或者告云、筒井（順永）卒（率）人勢寄來云々、仍當所者共用意、岩井川出向、矢師在之、其勢三百計云々、然而無程引退了、事終聞之、門跡（大乘院）北面□（善）性・舜信（懷全）兩人破却是水坊□云々、次修學者願円（成舜）・禪觀（西發心院 發心院）□當所へ自所々」

○コノ間、凡一丁闕、

〔十九日〕

（2オ）
□〔　〕□、

□〔　〕□知足院進代官申礼次榼一双・餅□籠・白壁二合進之、仰悦之由了、

一今日召出人夫共堀（掘）々了、貞兼（松林院）僧正力者兩人不出之間、人夫十人ツ、分可出由懸仰了、彼侍出雲法師以狀歎申云々、難閣之由返答了、

一東大寺惣□（持カ）院榼幷見菓子扇、一合給之、仰不思寄之由了、

□〔　〕（陽淵）源信・円蓮（事秀）退出了、

一不斷光院尼衆、戊（戌）刻自室生被歸付了、」

（2ウ）

一自□（今）日於地藏堂有逆修、僧衆十四人、淨土宗、當坊上人（迎福寺）（久光）導師也、

不斷光院尼衆足痛により逗留す

越前坪江郷政所承操代官頓學下向す

旬講問

不斷光院尼衆上洛す

太子法樂

坪江郷政所代官頓學と料所方油免につき問答を加ふ

廿日、辛卯、雨、

有湯、入了、

一不斷光院尼衆、今日足痛躰等在之間、難上洛之由被申間逗留、仍時〔齋〕以下對合畢、

一今日堀〔掘〕堀之、

一自門跡坪江〔越前坂井郡〕郷政所事禪住〔承操〕代頓學令下向候、就其料所方事、被召進可有□問答哉如何、

（3オ）□〔一〕□事押置様者、爲敵方聞也、□清祐〔成就院〕法眼歎申之間、可沙汰渡」□御後見方事也、

□□〔廿一〕日、壬辰、

旬講問如例、金剛經同讀之了、

一不斷光院尼衆上洛了、人夫二人召遣之、幷日中事共沙汰遣了、[illegible]ニハ榼一双・白壁二合・雜紙十束遣了、

一今日人夫等召出堀〻〔掘〕畢、」

（3ウ）

廿二日、癸巳、

如意輪呪千反唱之、法樂太子了、

一就坪江政所事、禪住代頓學來了、料所方油□□〔免事カ〕重〻問答了、

焼火

一定清來、

一自今日燒火爲之、

廿三日、甲午、

南都への報答沙汰のため古市住學侶等を召し評定す

就報答沙汰事有評定、定清・清憲（興善院）・宗乘・堯弘、其外爲大事間、光英雖觸□□（縁カ）マテ召寄畢、

良賢房西大寺に長老として入院

□（一）□長老識乘房來、茶等給之、對面了、□云々、良賢房西大寺長老入院」□

（6オ）

□□（廿四）日、乙未、

足利義教忌日

地藏懃行如例、又普廣院（足利義教）忌日也、如形奉訪了、

廿五日、丙申、

天滿法樂

天滿法樂心經廿五卷讀之、又融通念仏千二百反唱之、

古市胤仙越智に赴く

一古市播州今日向越智、

功德湯

一有功德湯、入了、」

（6ウ）

廿六日、丁酉、

大乘院孝圓及び經覺亡母正林忌日

故御房（大乘院孝圓）并禪尼（正林）忌日也、懃行如形修之、靈供等備進畢、

廿七日、戊戌（戌）、

松隆院物を經覺に贈る

狛中村來、餅一籠・大根二束持來了、對面了、

一光源(重秀)來、

□□(松)隆院來、榼一双・餅二籠・蜜甘(柑)等持來了、□□(仰悦カ)了、

□□房來、

□□歸了云々、

□□□(廿八日)、□(己)亥、

□□(荒神)呪千反・聖天呪千反・慈救呪千反唱之、

(7オ)

明教房實盛亥子を進む

□(實盛)明教亥子一鉢進之、

一光源・松隆院退歸、戊(戌)亥(信豐)同退出了、

一木阿・与一向立野、

一有湯、入了、

御後見成就院清祐亥子を進む

一清祐法眼以德阿申礼次亥子一折進之、仰祝着之由了、

禪住房承操を坪江郷政所に補任す

一坪江政所事、被補承操之由、泰祐(淨南院)法橋申賜了、

經覺和名抄を借覽す

廿九日、庚子、

和名抄事借給了、蜜見之、隨分本□、

（7ウ）

一子嶋兵□〔庫〕助來、對面了、

卅日、辛丑、

魔界廻向理趣分轉讀

魔界廻向理趣分一巻轉讀了、

木津源次郎用途八百疋を以て紛争落居の由を申す
經覺用途三百疋を遣す
實盛をして懷舜に落居を報ぜしむ

一木津源次郎□〔參カ〕了、以用途八百疋落居了、是小泉劬勞也、爰用途事遲之由先日述懷間、今月中可遣之由契約了、然而方料足兎角及異儀之間、先以借物今日三百疋遣了、爲仰之事、遣明教於懷舜所了、是初此事談合之故也、又播州向山田、萩煩事爲中媒也云〻、明教同道了、

小川弘房萩原荘の事につき子細を述ぶ

□〔一〕□□〔小川カ〕兵庫助〔弘房〕申萩原〔宇陀郡〕庄之間、述子細了、

□〔一〕□爲之、

（8オ）

□□〔十一〕月小

□□〔朔日〕、□〔壬〕寅、霽、

□□〔千徳〕万福幸甚〱、

旬講問
中臣祓

□〔一〕旬講問幷金剛經如例、中臣祓爲之、

自讀千卷心經
古市亂仙の留守宅より酒肴を贈る
餅祝着
越前坪江郷奉行泰祐得分の内二百疋を經覺に贈る
實盛懷舜に會へず古市亂仙に托して歸る
坪江郷油免の事につき承操代官木澤秀繼の書狀を持ちて來る
寒嵐甚し
坪江郷油免を直務となすため德市を下す
木津今西へ料足八貫文遣す

一普賢延命呪千反・不動合行呪千反唱之、又自讀千卷心經讀之、
一一瓶・一鉢自古市〔亂仙〕留守給之、
一餅祝着了、
一坊城左京亮來、對面了、
一用途貳百疋泰祐〔淨南院〕法橋給之、坪江〔越前坂井郡〕奉行得分間爲祝着云々、不思寄者也、仰祝着之由了、
一□〔明〕教歸了、懷舜未來田原之間、申置古市□〔罷カ〕歸云々、古市并山田入道田原ニ在之故也、
(8ウ)
□〔一〕□〔就カ〕油免事、禪住〔承操〕代以木澤〔秀繼〕狀又來之間、既仰付余人□〔之〕□〔由カ〕返答了、
二日、癸卯、雨、
自朝寒嵐事外而四山各有雪、老情弥計會之間、終日龜爐邊了、
三日、甲辰、
今日坪江油免可直務間、下德市法師、仍爲吉日可出門之由仰含了、
一坪江郷打渡使事、可下德市旨、仰遣泰祐方了、
□〔一〕□〔木カ〕津今西料足都合八貫分極遣了、
□〔四〕□〔日〕、□〔乙〕巳、
［　　　　　　］歸了、

（9オ）
〔一〕□[　　　　]報答沙汰事、重〻有申子細、[　　]了、又榼一双・二百疋進之、仰不思寄□□（之由カ）了、

〔一〕□隆舜熟子（柿カ）一籠給之、仰賞翫之由了、

宗乘専秀小泉に帰る

一仙觀（宗乘）歸小泉了、円蓮（専秀）雖來候、近明一ヶ条事不可有沙汰之間、先是も歸了、

經覺發心院懷實の仰詞を披露せざるを怒り勅願納所職罷免を尋尊に通達す

尋尊筒井方のため沙汰し難きにより經覺より沙汰すべき旨を申す

五日、丙午、

發心院懷実以供目代身、今度仰詞以下不及披露學侶之条緩怠之至也、猶も於法花會廻請者兩方相論之間不相載之条、聊可有其謂歟、至仰詞者、敵方非可存知所、押隱之条存外之間、勅願納所事可召放之由、仰遣禪定院（尋尊）了、但敵方沙汰定可爲難治歟、」（9ウ）自是□（可カ）申付旨、泰祐法橋奉書到來了、

經覺風氣

〔一〕□予一兩日風氣也、今夜事外無術者也、仍服香蘇散出（又了）汗者也、

經覺誕生日

六日、丁未、

今日余誕生日也、如形致祈禱者也、

古市胤仙懷實を執成す

一懷実事播州（古市胤仙）色〻執申、其旨太以難去者也、然而先述所存了、可申遣旨令返答了、

小川弘房萩原莊の事を申すも經覺綺がたき旨返答す

一就萩原（宇多）庄事、小川兵庫助（弘房）在申旨、仍□（以カ）使者仰合清憲了、返答庶幾之趣也、[　　]□（於カ）返答者難相綺之由仰之了、

風氣快方に向ふ

〔一〕□□今朝事外減氣也、仍取向食性□

（10オ）

□□〔七日〕、□□〔戊申〕、

□□□〔乳母忌カ〕日也、少懃行了、

古市胤仙猿樂見物に多武峰に赴く

〔一〕□播州向多武峯云々、是明日爲猿樂見物云々、今時分太不可然歟、

祐盛山城菅井莊の事により來る

一祐盛來、山城國菅井〔相樂郡〕庄事也、明日可上洛云々、

八日、己酉、

藥師呪千反唱之、

藥師院胤實來り圍碁雙六を打つ

一藥師院胤実僧都來、圍碁・双六等打之遊了、又榼一・蜜甘〔柑、下同ジ〕一盆召寄了、不思寄者也、　コ○

ノ一項、七日ノ末尾ニ記シ、墨線ヲ以テ八日ニ入ルベキコトヲ示ス、

〔一〕□服香草了、

胤仙多武峰より歸る

一播州自峯寺歸了、能四五番見之歸云々、

（10ウ）

一木阿歸來了、又山内へ向了、

〔一〕□□〔上カ〕千松於京都了、

九日、庚戊〔戌〕、

立野信貞の子春若丸元服せんとし諱を撰ばんことを經覺に請ふ

立野子〔信貞子〕息春□〔若〕丸來十三日可元服候、就其名字事可被計下之由、以楠葉入道〔西忍〕申給了、代々

申門跡欤、只今時分尤可加斟酌事也、仍仰其趣之處、楠葉申云、先名字事可被計下候、子細をハ可演説仕之由申之間、然者可相計由仰了、

□□□〔祐〕盛有仰古市子細、返答不可有等閑之儀□

（11オ）□朝臣方一音院事〃東寺法師」□遣返事了、

□云、和泉國廟此間連〻鳴動云〻、□恠欤、又國煩欤云〻、

和泉の國廟頻りに鳴動す

十日、辛亥、

在湯、入了、

一榼一双古酒天野・素麵一折・蜜甘一折・白壁二合・酒土器等ヲ給之、貞兼僧正 仰賞翫之由了、

松林院貞兼榼以下を經覺に贈る

一春若名字事書遣了、

信兼　信家　信興　此内可相計之由仰了、

經覺立野春若丸の諱字を撰ぶ

（11ウ）一就萩原庄事、小川代官長谷法師号貞延房、」來申旨在之、先可參房人之由申之、述所存畢、

小川弘光萩原荘の事につき先づ經覺の房人たらんことを請ふ

十一日、壬子、

小川代官長谷貞延ト云者也、今朝歸了、遣奉書於兵庫助方了、當小川弘光ト申云〻、

經覺奉書を小川弘光に遣す

一旬講問（大乘院覺尊）・金剛經以下如例、

旬講問

一新宮忌日也、懃行如形修之、

大乘院覺尊忌日

唐橋在豐その子乗雅のことにて經覺を訪ふ
筒井順永舅
在豐歸洛す
風呂を造る
菩提山より松木と竹を進む
興福寺萩原莊を小川弘光に沙汰附くべからざる旨牒送す成身院光宣同心に及ばず
元興寺領に人夫を徵し河内山の木米山の萱を苅る
玉喜久高田莊給分の內より用途を進む
所々に祝儀あり
古市胤仙等妻を娶る

(一)(式　部ヵ)□□□大輔在豐(唐橋)卿來、對面了、今夜被宿了、［　］事、(子息)乗雅間事也、
(一)□［　］敵方眼目筒井(順永)シウト也、定仰天歟、
(十　二　日)□□□、(癸)□丑、
(在　豐)□□卿今朝上洛了、
(12オ)
(一)(自ヵ)□□今日比興風呂造作爲之、番匠一人召仕之、
一松木十本・竹二荷(〆本)召芣山了、則今日進之、以坊公事進之了、
一清憲來、萩原庄事談合、自寺門(興福寺)不可仰付小川之由牒送云〻、光宣(成身院)律師令無沙汰上者、難同心牒送旨返答之由相語者也、仍小川申狀之趣演說了、
一元興寺領人夫共召出、河内山木幷米山萱苅了、
一風氣如法不快之間、服蕬白了、
十三日、甲寅、天曇、自日中霽、
(12ウ)
番匠二人召仕之、
一玉喜久用途一結賜之、若高田(添下郡)庄事歟、
一今日隨分吉日歟、所〻有祝着之儀云〻、
片岡迎妻女、龍田英舜女、簀川迎妻女、井戸妹、古市迎妻女吐田女、云〻、

東坊城顯長元服
立野春若丸元服
慈恩院兼尋下向との説
菩提山正願院風呂壺を立つ
人夫なし
經覺甲斐常治等に榼以下を贈る
甲斐常治春日社參詣
春日山鳴動す
立野春若丸元服し太刀等を經覺に贈りて禮謝す
古市胤仙餅を經覺に贈る
古市胤仙懷實の罪科免除を經覺に執申す

又京都ニハ菅宰相長政〔東坊城〕〔顯長〕息元服、実在豊〔唐橋〕卿息也、立野春若丸元服云々、
又慈恩院若公〔×▒〕〔兼尋〕今日下向云々、傳説分也、
□〔今カ〕日祝着物とて蜜甘一折・白壁一合・榼一双播州□、仰賞翫之由了、
□□□〔十四日〕、□□〔乙卯〕、□〔霽カ〕、
□□□□〔正願院カ〕風呂壺扇爲立之、今日渡了、但人夫□不得渡者也、
（13オ）
□、
十五日、丙辰、霽、
榼一双古酒、・蜜甘一折甲斐〔常治〕、榼一双・蜜甘一合加々〔賀〕嶋上遣了、
一甲斐入道令社參云々、今朝令社參、則歸洛云々、
一入夜春日山鳴動云々、子細何事、凶哉、
一申下刻立野春若丸令元服來、弥次郎信衡令同道了、大刀一腰・筒二・素麺一折・蜜甘一籠給之、能〔與〕小盃、遣大刀了、サヤ以曇〔緞〕子袋、ツカクミニテマク、銘物也、對面了、則退出、名字信家云々、
（13ウ）
□〔一〕祝着餅一鉢播州進之、仰賞翫之由了、
一恆例念仏如例、
一懷実發心院事、古市種々歎申之間、雖所存外也、無力可優執〔成〕無之由返答了、

十六日、丁巳、

高田荘の米を春松に恩給す

高田御米春松恩給事、隆舜頻執申間、不可有相違之由仰遣了、

一八峯山木共少ゝ切之畢、

正願院風呂壺の人夫を坊公事として附す

一正願院風呂壺以坊公事付之了、卅人計云ゝ、

多武峰五番衆と學侶の紛争あり

下僧等一味同心して問答す

一播州語云、多武峯五番衆共沙汰ニテ學侶□〔分〕者九人打之、下僧共一味同意、而兩口□警固重ゝ問答之間、學侶分者纔□間、不叶而、任下僧所望悉以書□之至、凡無比類者也、」□、

(14オ)

□〔一〕□亥刻、祝着了、

後醍醐天皇御寄進中院談義料所近江小椋荘を本主に返附さる

□〔一〕□自奈良歸來語云、江州小椋庄者中院談義料所也、（後醍醐院御寄進所也、）而本主罷出致訴訟之間、被付本主了、仍參籠以下事不可有歟之由、其沙汰云ゝ、結句萩原庄事兎角違乱、旁以寺門煩也、今春色ゝ希有者如此事歟、

經覺料足を古市胤仙に遣すも胤仙請取らず

一斫足貳百疋遣播州處（×▒）返給了、一兩度雖遣之返了、無妻女翫之儀故也、

十七日、戊午、霽、

越前河口荘大口鄕百姓等恆吉等の事につき云ふ事あり

大口鄕（越前坂井郡）百性有申子細、事実者太不可然、可有糺明者也、去年門跡（大乘院尋尊）へ被出御擧了恆吉等事」也、楚忽之儀以外（×不可然歟）事也、

大乘院孝尋月忌
長谷寺法樂
安位寺觀音法樂
大口鄉百姓恆吉絹を進む
筒井市場燒く
春日社本宮の上に僧縊死す
懷實維摩會研學と爲る
春日祭
上卿正親町三條實雅
風呂地引を爲す
經覺甲斐常治の春日社參を謝し馬太刀を贈る

（14ウ）

十八日、己未、

後已心寺（大乘院孝尋）御房月忌也、懃行如形沙汰了、

一觀音經六卷・十一面小呪等唱之、法樂長谷寺了、又安位寺觀音へも小呪等唱之、法樂了、

一大口百性恆吉絹一卷賜之、

一今日筒井市場依失火三十間計燒失畢、惡行果利且蒙其責歟、

一播州語云、春日本宮ノ上ニテ法師頭ヲ□（クカ）、リテ死了、其躰イカナル者トモ不聞□令穢歟、爲寺社不吉事也、」

□□□（十九日）、□□（庚申）、

（15オ）

□日也、少呪等唱之了、

（一）□（懷）□実得業來、去十六日得請《研學》云々、榼一双・素麵五・卷𥻘一鉢・甘子一盆給之、（懷實ヲ維摩會研學ト爲スコト、大乘院日記目錄本年十一月十六日ノ條ニ見ユ、）

廿日、辛酉、

一春日祭也、上卿三条（正親町三條）師大納言実雅卿云々、弁、

辰刻風呂地引之、未刻石大工爲之、陰陽師（幸德井友幸）依勘申也、

一甲斐入道社□（參）礼馬一疋鹿毛、・大刀金覆輪、上遣了、吉阿・千松上了、

泰祐倉莊の事により榼以下を進む
一泰祐法橋榼一双・白壁一合進之、只今之儀難意得歟、倉庄（添上郡）事也云々、有少給分故歟、

去年逐電せる大聖院運盛經覺に云ふ事あり
（15ウ）□（一）大聖院運盛僧都以龍守申子細在之、先爲私可返事之由仰含了、

一有湯、入了、

菩提山年預を召し用を課す
一仰用事於𦬇山、召年預下知了、

廿一日、壬戌（戌）、

旬講問
旬講問以下如例、

九條經教月忌
一故大閤（九條經教）月忌也、懃行法花以下如例、

白毫寺竹を所望す
一竹二十本白毫寺所望了、

□□（廿二）日、癸亥、

太子法樂
□□□（如意輪）呪千反唱之、法樂大子了、

□（一）□□（𦬇山）事、年預來歎申間、別而可立御□了、

甲斐常治經覺に返禮す
（16オ）□（一）□自甲斐方返報ニ給了、不□也、

□□□（廿三日）、甲子、

□（木）阿向奈良、

廿四日、乙丑、

古市胤仙に鞍皆具を貸す
足利義教忌日
五大院長尊榼以下を進む
天滿法樂
菩提山年預に明日禪衆學侶參向を命ず
大乘院孝圓及び經覺亡母正林忌日
春日若宮祭田樂頭役者田樂法師等に裝束を下行す
行列渡る時分に雨降る
當年願主さひと社頭にて悶絶す
地震

芿山事、猶二人來歎申間、不可叶之由仰含了、
一鞍皆具借遣古市了、祭礼用也、
一地藏懃行如例、又普廣院(足利義教)忌日也、如形奉訪了、
廿五日、丙寅、
五大院長尊得業榼一双・白壁・甘子給之、仰悦之由了、」（16ウ）
一心經二十五卷讀之、法樂天滿了、又文殊呪千反・融通念仏千二百反唱之、
一芿山年預兩人來、猶難澁之間、明日禪・學兩座各一人可參申、可仰談旨仰了、
廿六日、丁卯、
故御房(大乘院孝圓)并禪尼(正林)備進靈供畢、壽量品・提波(婆)品・少呪等唱之、
一若宮祭礼在之、田樂頭緣香律師東湯屋坊・光胤清淨院□(律)師云々、今日給裝束、又大仏供長谷川黨、□百八
十騎云々、」（17オ）
(廿七日)□□、(戊辰)□□、□入夜風雨甚、
□之隨兵以下指笠渡了、元大仏供願□(主カ)□雨云々、冥慮如何、又サヒト云者願主也、
於社頭絶入、仍以輿歸云々、若惡病歟、
一辰刻地震、占文面不宜、

渡物時分に雨降る例は少し

一又聞、祭礼ニ如此雨下トイヱトモ、渡物時分ハ大畧屬霽之處、當年ハ指笠渡了、冥慮難知由有沙汰云々、或者云、渡物時分雨不下間、指笠事者虚説也云々、

廿八日、己巳、

荒神呪千反・聖天呪千反・慈救呪千反唱之、

菩提山年預と問答す

一𦬇山年預來、重々問答了、

後日能あり

一後日在之、

（17ウ）

太郎を越前に下す

一下大郎於北國了、

廿九日、庚午、小雪下、

風呂

風呂在之、入了、

魔界廻向理趣分轉讀

一魔界廻向理趣分一巻轉讀了、

一覺朝上京了、

菩提山年預と問答を加ふ

一𦬇山年預來問、嚴密問答了、

（18オ）

□（十二）□月大

句講問
自讀千巻心經
古市胤仙酒肴を進む
餅祝著
馬瘡
陰陽師幸德井友幸に屋上の石軒に轉下するを尋ぬ
信貴法樂
粥頭

□□〔朔日〕、□〔辛〕未、
□□〔千德〕万福幸甚〳〵、
句講問二座・金剛經等如例、
一普賢延命呪千反・不動合行呪千反唱之、
一自讀千巻心經讀之、
一播州〔古市胤仙〕一瓶・一盆賜之、仰祝着之由了、
一餅祝着了、
二日、壬申、霽、
馬瘡療治了、
三日、癸酉、
(18ウ)
一今日未刻屋上ノ石コロヒテ軒ニ留、下ヱハ」不落、仍相尋友幸〔幸德井〕之處、口舌幷盗人ノ愼云〻、
信貴法樂、講問一座行之了、
一明教〔實盛〕粥頭沙汰了、飯也、
一乙松下丹州了、
四日、甲戌〔戊〕、　吉阿下了、

菩提山より用途上納の事を歎申すも經覺承引せず

井山用事種々歎申、然而當山年數十年□雅意相振舞、非此時者何時可散欝念□□(嚴カ)密問答了、蓮花院(慶忍)古市所住禪衆□談者也、然而不可承引之由返答了、

(19オ)

(一)□善性(成舜)方申之、迷惑者也、不便之□得病云々、傷寒歟、

菩提山の路を塞がしむ

□□(五日)、□□(乙亥)、

□□(井山カ)事、可止路之由仰遣了、

(一)□去月廿九日狀ニテ、小性事可加扶持之由申之、今更不便無極者也、

菩提山下知違背の風聞あるにより入置兵具を取るべき事を諸方に命ず

六日、丙子、

井山事、下知違背之支度在之歟之由、有其聞間、播州矢負共遣諸方、入井山兵具共可取之由仰含云々、

一對馬(覺朝)下了、

淸承一條兼良の推擧により攝津武庫莊濱鄕管領を望む

菩提山三千疋分進上を申す

小川弘光經覺の房人たらん事を願ひ代官貞延を以て物を進む

七日、丁丑、

濱鄕(攝津河邊郡武庫莊)事、以殿下(一條兼良)御擧淸承猶執心之由被申間、所存之趣返答了、

一井山事、三千疋分可計畧之由申云々、且閣之不仰返事、播州執申、

(19ウ)

一小川(弘光)可爲房人之由申之、先進貞延、榼一双幷用途一結進之、貞延又榼一・苟若一籠進之云々、仍對面了、杉原十帖・茶垸呉器一遣之(×遣之)、

安位寺より巻数を進む

一自安位寺巻數賜之、

八日、戊寅、

薬師小呪千反唱之、

東北院俊圓の弟子任圓奈良に下向す

一今日東北院（俊圓）弟子（任圓）下向云々、（烏丸）資任中納言子息歟云々、越智二郎さ衛門以下坊人濟々召具云々、

古市胤仙の斡旋により菩提山用途を三千疋にて許容す

一卉山事、播州種々歎申間、先三千疋分にて可閣之由仰了、

土用に入る

□□（九日）、□□（己卯）、自今日入土用了、

□□□□（風呂在之カ）、□（入）了、

〔二〕□、

（20オ）

〔二〕□条清承事被執申者也、

大安寺福生院と良瑜房の紛争

〔二〕□□□□（大安寺）長老來、福生院与良瑜房煩事也、

十日、庚辰、

經覺大安寺として福生院借物を償還すべき旨答ふ

福生院事、當年ハ先爲寺可償遣歟之由仰意見了、仍可爲其分之由長老状到來了、

一宗乘來、

十一日、辛巳、雨、

句講問

句講問如例、金剛經同之、

大乘院覺尊忌日

一新宮(大乘院覺尊)忌日也、如形奉訪了、」

十二日、壬午、雨、

安位寺一臈長算星供毎月荒神供の卷數を經覺に進む

安位寺一臈長筭法印星供幷毎月荒神供等卷數賜之、

十三日、癸未、

（20ウ）

立野信福寺信尊年少の子を經覺に召仕はしめん事を請ふ

立野信福寺父(信尊)子來、少者事これにて可奉公由申間、付名了、春千代、花瓶一・扇・杉原十帖遣了、畏申者也、榼一双・チマキ・蜜甘□□(柑)(等 賜カ)之、賞翫了、

唐橋在豐來り九條家年始歳末の事及び能登若山莊年貢の事を經覺に計る

□□□□(菅 宰 相カ)(唐橋)在豐卿來、九条殿中年始・歳末□爲談合也、又若山(能登珠洲郡)庄年貢事、□談合也、遣注文了、」

（21オ）

(二)□□沙汰之、

(二)□□年貢爲催促下千松了、

(十)□四日、甲申、

松南院人夫を上京せしむ

上松南院人夫於京都了、

幸德井友幸を召す

一陰陽師友幸來、依召也、条々相尋了、

唐橋在豐上洛

一菅宰相上洛了、

粥頭

一光英粥頭沙汰之、

筒井方への報答沙汰延引す

恆例念佛六萬反

清承一條兼良及び足利義成妾の擧状を得攝津濱郷管領を望む

經覺京都の僧正雲等と和歌を詠ず

隆舜大炊との紛爭により具足借用を申す六方衆二分す

一彼報答今日可沙汰之處、依吉田伊豆(通祐)申状令延引了、

十五日、乙酉(×申)、

恆例念仏六万反如例、

一宗乗粥頭沙汰了、

(21ウ)

一濱郷事自殿下又被口入、其外以權擧」室町殿(足利義成)女房狀以下、清承令執心之間、令返答趣者、

給人ニ加下知之處、新代官申談追而(×▒▒)可申左右之由返答了、

一京都僧正雲・胤仙以下有和哥十首、予少〻讀之、

水鳥

池水につかはぬ鴛ハなかりけり

月のひかりに影をならへて

冬月

雲霽て猶かけ寒くなりニけり

嵐ともなふ冬の夜の月

祈戀(×▒)

つれもなき人をハ置て祈るかな

待ゐんまての命なかさを」

(22オ)

□□□(十六日)、□(丙)戊(戌)、

□□(通 目カ)代隆舜与大炊相論事破之間、具足□(借)用之由申之間、筒丸一兩借遣了、方衆分兩方了、

一覺朝上京了、

十七日、丁亥、

木阿粥頭沙汰了、

十八日、戊子、

觀音經六卷讀之、法樂長谷寺了、十一面小呪等如例、

長谷寺法樂

一後已心寺〔大乘院孝尋〕忌日也、懃行如形沙汰了、

大乘院孝尋忌日

（22ウ）

一爲遣八木於田原〔添上郡〕、元興寺領人夫等召了、則遣吉阿了、

米を田原に遣すため元興寺領に人夫を徴す

吉阿粥頭沙汰了、

十九日、己丑、

有粥、賞翫了、

一自室生柿・卷數給之、又空一房茶廿袋給之、悅遣了、

室生寺より卷數等を進む

廿日、庚寅、

今日憲英香恩、爲祈禱於布留社同音論在之、興福寺方學侶云々、尤於（春日）社頭可讀之□〔處カ〕、□〔布〕留社ニテ沙汰可爲如何樣哉、神慮不審、

憲英布留社に於て同音論を行ふ

□〔一〕□□〔往〕生院來、蜜甘〔柑、下同ジ〕二籠・茶給之、

旬講問

九條經教月忌

陰陽師幸德井友幸八卦新暦を進む

松林院貞兼東院兼圓物を經覺に贈る

大安寺倉坊良瑜房用途を進む

清承書狀を以て禮節を爲す

越智家榮

經覺兵を遣し成身院光宣扶持の慈恩院侍尾張法師を處罰す

（23オ）

〔廿一日〕□□□、〔辛〕□卯、霽、時々小雪、

〔旬講問〕□□□以下如例、

〔一〕〔故太〕〔九條經教〕□□□閣忌日也、懃行如例沙汰了、

一八卦幷新暦友幸進之、代物二連遣了、

一〔松林院〕貞兼僧正給狀、東院兼圓得業同有書札、筒二・折二合滿中・蜜甘・白壁一合、不思寄之由、以狀申遣貞兼僧正了、兼円得業方へ以龍守奉書、仰遣賞翫之由了、只今之儀頗難弁者也」

（23ウ）

廿二日、壬辰、

大安寺倉坊良瑜房用途貳百疋賜之、仰不思寄之由了、

一清承昨日下向、今朝罷上云々、以狀申礼節、山葵一束給之、

一木阿上京都了、

一吉阿歸了、

一吉井男事仰遣越智〔家榮〕旨在之〔×▒▒之〕、

廿三日、癸巳、

□北面罪科事、横沙汰之次第也、爲門跡〔大乘院尋尊〕□所存欤之由相待之處、曾以不被□条口惜之間、卯刻仰付」□慈恩院侍号尾帳〔張、下同ジ〕法師、者、處嚴科□〔宿カ〕□所了、抑慈恩院侍沙汰之条、

（24オ）

雖非其道、敵方横致沙汰候、其沙汰様ハ、これへ立入云々、爲被官出入猶加嚴禁、况此尾帳事光宣(成身院)律師知人也、其上慈恩院事、當時光宣取持致沙汰之間、就彼是難沙汰者也、甲七八十、自是甲五人十人計遣了、

廿四日、甲午、

(24ウ)

足利義教忌日

地藏懃行如例、又普廣院(足利義教)忌日也、如形奉訪了、

經覺甲斐常治に物を贈る

一甲斐(常治)所榼一双・蜜甘一籠遣了、

廿五日、乙未、

天滿法樂

天滿法樂心經貳十五巻讀之、法樂了、又融通念仏千二百反唱之、

小泉重榮來る

一梅賀來、小泉(重榮)來、

東大寺覺専物を經覺に贈る

□(一)東大寺覺専陶屋備五・青苔五把給之、不思寄者也、

一彦さ衞門上京了、○コノ一行、廿五日ノ日附ノ下ニ書ス、

大乘院孝圓及び經覺亡母正林忌日

□(廿)六日、丙申、

□□□□(故御房幷)禪尼(正林)忌日也、令備進靈供、令讀誦□了、

□(一)□(大乘院孝圓)□(餅カ)給之、祝着了、

(25オ)

□(一)□也、懃行条々、

春日社三十講
勤行次第
水屋に鉤を懸く
若宮の神人をして春日社廻をなさしむ
立春神馬の色代を進む
松林院貞兼經覺に酒肴を贈る
興發心院清寛來りて禮謝す
長谷寺より用途を進む
越前河口莊細呂宜郷上方年貢につき人を京都に遣す
立春
大聖院運盛下向す

〔春日社三カ〕□□□□十講仰付泰承得業・任英了、少事□〔遣カ〕布施了、
〔勤〕□行事、理趣分一巻・金剛經一巻、各信〔眞〕讀、中臣祓・妙覺〔心〕悉地祭文・荒神呪千反・普賢延命
呪千反・藥師呪千反・不動合行呪千反・心經十二巻、又千巻心經讀之、
クサリ十二連懸水屋了、又龍守・如意賀分各一連懸之、
春日社廻事、仰若宮神人沙汰了、注文在別、
一入夜參當所宮了、
（25ウ）
一立春神馬代百疋進權頭〔預カ〕、可啓白之由仰了、
一貞兼僧正筒一・三種素麵・菓子一盆・白壁二合、給之、仰賞翫之由了、
一清寛〔興發心院〕來、行歩全分不叶、下人兩人ニ懸テ厨マテ參爲礼云々、仍向厨見之畢、只行歩不叶計
也、以此躰來之条、誠懇志之由仰了、榼一双・兩種蜜柑・白壁、給之、仰祝着之由了、
〔一〕□自長谷寺用途千疋賜之、仰大切時分□了、
〔一〕□□於京都了、是細呂宜鄕〔越前坂井郡〕上方年貢□□年分事也、
（26オ）
〔廿七日〕□□□、丁酉、
□立春也、
〔一〕□覺朝并彥さ衞門以下下向了、杉原・扇・少〔小〕袖共取下了、又運盛〔大聖院〕僧都下向了、

古市胤仙春日社に詣づ

一播州社參了、

廿八日、戊戌《〔戌〕》、

荒神呪千反・聖天呪千反・慈救呪千反唱之、

〔一〕□餠沙汰之畢、

一光藝來、

幕府攝津濱鄕を清承に返附す

(26ウ)

〔一〕□濱鄕事、以飯尾さ衞門大夫《〔爲數〕》、自室町殿可被返付清承之由被申之旨、自殿下被申門跡、又」

これへも有御札、

○料紙餘白アリ、ナホ第二十七丁ヨリ第三十一丁マデ、文明五年卯月日但阿書狀等ヲ載ス、別記ニ收ム、第三十二丁白紙、

「（表紙題簽）安位寺殿御自記　二十七」

「（表紙、別筆）寶德三年

要　鈔　　經覺」

○原表紙ナシ、

○本冊、第六丁ニ年月不明ノ「十五日・十六日辛亥」兩日ノ記事ヲ混綴セリ、內容ヲ檢スルニ、十六日條ニ日野內府勝光ノ書狀ヲ載ス、勝光、應仁元年二月六日～同二年十二月十二日ノ間內大臣タリシコト、大日本史料第八編之一・二ニ見ユ、而シテ應仁元年四月十六日ノ干支ハ「辛亥」ナリ、ヨリテコノ丁ヲ應仁元年四月十五・十六日ノ記事ト推定シ、別ニ收ム、

〔寶德三年〕

〔正　月〕

○第一丁闕、

〔朔日〕

御間以下廻事を神人に命ず

（2オ）一御間幷中社以下廻事仰付神人沙汰了、

千座講問始行

一自今日□〔千〕座講問仰付泰承得業行之、

諸人に餅用途を與ふ

一見來乞食□□僧等雖爲何人、餅一枚・用途二枚可遣之由仰□

徳市越前坪江郷油免の綿及び同郷内貞依名の絹綿を持參す

一徳市自越前罷上之由參申、坪江（坂井郡）油免綿十一屯餘・貞依名綿三百目・絹已下持來了、當元日祝着無極者也、

二日、壬寅、天曇、雪、

懃行如昨日、

齒固
湯菓子

一齒固・少膳等如例、湯菓子進之、昨日湯菓子日中出之、面ゝ可祝着之由仰含了、

神人神供を進む

一神人兵衞四郎神供油物賜了、祝着且千者也、

（2ウ）三日、癸卯、天曇、時ゝ雪下、風入夜大風也、

節供
齒固

節供・齒固等如例、

一懃行三ヶ日同前、

四日、甲辰、時ゝ雪下、

後見成就院清祐呉器を調進す
立野与一立野に赴く
木阿に絹等を與ふ
大霰
千巻理趣分結願
湯始
清祐湯帷等を調進す
隆舜榼圓鏡等を進む
已心寺より圓鏡等を進む
坪江郷油免油等を取下すため元興寺領人夫を上京せしむ

自今朝呉器也、懸盤・足付・平盤各自後見（成就院清祐）調進之、汁二・菜十種如例、
一与一（立野）男姉依不□□日爲觸之間、向立野了、信福寺（立野信尊）女性春□□□（千代母カ）也、
一木阿向奈良之間、絹共遣之、少（小）袖二・練衣一可沙汰進之由、仰遣隆舜了、」（3オ）
五日、乙巳、
今朝雪下四山悉積了、然而無程消了、
一未刻大霰下了、
一千巻理趣分巳刻結願了、所願成就無疑者也、
一湯帷一・髪剃布自御後見進之、當色共尤可進之處無其儀、太難意得者也、
一隆舜權上座榼一双・円鏡一・勝栗一褁進之、仰祝着之由了、
一自已心寺円鏡一面・茶給之、以直狀悅遣了、
一紫少（小）袖一遣実盛了、畏申者也、」（3ウ）
六日、丙午、霽、
元興寺領人夫一人上京都了、油・虫火以下爲取下也、徒上之間、不斷光院へ遣榼・鏡等了、
一舜專（良鎮）來、又堯懃（中務法師）（賢秀）來、

莖立

一嚴性莖立一積給之、仰賞翫之由了、

柿

一宇多山本柿三連賜之、覺朝遣返事也、

隆舜練衣を調進す

一衣隆舜調給了、仰悅之由了、練衣也、依令窮老色白練衣也、

一綿一屯遣彥三郎了、細々仰所用故也、畏申云々、

德市坪江鄉年貢公事納入狀況を報告す

坪江
一油免等事、德市条々來申、當名事、此間政所(承操)三十三貫・綿五屯請申了、而直務分雖未及究濟、先以綿者十五六屯ハ可在歟」由申之、其外八木三十余石、色々錢九貫餘、油代十四貫者可在云々、此分先以無相違者也、猶能々立入令沙汰者、可有其德之由申候也、現油一桶猶在之云々、

（4オ）

貞依名の年貢公事

一貞依名事、
八木貳石五斗・公事錢一貫餘・絹半卷・綿三百目云々、

風呂始

一風呂始也、予入了、鏡一面給湯那了、

一木阿歸來了、

玄兼酒肴を進む

一榼一・白壁一合玄兼給之、仰悅之由了、

七日、丁未、終日天曇雪等下、

少御料

小御料如例、手長龍守、役送覺朝、

如意賀春日社等に參詣す

一如意賀參御社（春日社）已下了、

一鏡一面自極樂坊給之、祝着之由令返事了、

日中御前

（4ウ）
一日中御前着褻（褻、下同ジ）衣祝着了、盃進之、御後見所進也、湯菓子同進之、去三日湯菓子日中出面」〻令祝着了、

松岡信安鏡等を進む

一自極樂坊（立野松岡（信安）方）鏡一面○（筒）進之、仰祝着之由了、

一如意賀參御社、語云、東大寺八幡至興福寺令入堂云〻、

八日、戊申、霽、且雪、

一萬巻心經發願

辰刻一万巻心經發願了、

淨南院泰祐榼等を進む

一榼一双・円鏡一面・混（昆、下同ジ）布等、泰祐（淨南院）法橋進之、祝着之由龍守可遣返事旨仰了、

經覺本願寺圓兼等に物を贈る

一榼一双・柿一連大谷（本願寺圓兼）、鏡一丹後（下間玄英）遣了、元興寺領人夫也、」

春日社權預辰市祐識圓鏡等を進む

（5オ）
一円鏡一・油物一束祐識（辰市）進之、神供之由申間、祝着且千之由返事了、以次油免綿一屯遣了、

仰可啓白之由了、

一藥師呪千反唱之、

仁王經十座轉讀

一仁王經十座仰付弥勒堂聖、於宮轉讀了、少事遣布施物了、

一心經千二百巻讀之、

春日社田植

一春日御田植也、

九日、己酉、天曇、

心經千巻讀之、

九條不斷光院物を進む

一自不斷光院扇一本、自沙弥方久喜一桶、端坊虫火箱一給之、

元興寺領人夫京都より歸る

（5ウ）

一元興寺領人夫下了、油免油一榼八升云〻、虫火六七十廷〔挺〕下了、

玄兼寂す

一玄兼逝去云〻、今朝事也、不便〳〵、四十四歳云〻、

十日、庚戌、天曇、

一萬巻心經結願

心經申刻結願了、三ケ日無爲目出〳〵、

菩提山重俊物を經覺に贈る

一芿山重俊〔報恩院〕法印筒一・蜜甘〔柑、下同ジ〕一（鏡一）籠賜之、仰賞翫之由了、

繼舜榼等を進む

一繼舜榼一双・鏡一・混布進之、

陰陽師幸德井友幸榼等を進む

一陰陽師友幸〔幸德井〕榼一・蜜甘一籠・鏡一・山葵一束賜之、仰不思寄之由了、

○コノ間ニ、應仁元年四月十五日・同十六日ノ記事一丁ヲ混綴セリ、別ニ收ム、

泰承千座講問の巻數を進む又玄兼遺族の扶持を請ふ

（7オ）

一泰承得業來、榼一・麦麺〔素〕二束・白壁一合持來、賞翫了、千座講問今朝結願、卷數賜之、

泰承云、玄兼遺跡事、相構可加扶持之由色〻申間、不可有如在之由仰了、

香恩房憲英死去

親父豐田賴英

一堯弘云、憲英香恩房、去八日死去云〻、親父豐田賴英就祈療二篇雖盡術計、終以不叶、不便

祈禱療治に手を盡すも及ばず

之至也、修學之樣將來之法燈也、手跡又神妙也、旁以可惜者哉、

經覺油免油を春日社等に進む

一油免油一筒進五社之指油（脂）、遣神人兵衛四郎畢、爲上分也、

消除經摺寫

一消除經卅卷摺之畢、於弥勒堂供養之、

（7ウ）

十一日、辛亥、天曇、雨下、

旬講問

旬講問二座・金剛經一卷如例、

大乘院覺尊忌日

一新宮（大乘院覺尊）忌日也、如形奉訪了、

千座講問の布施を遣す

一千座講問布施綿一屯遣泰承得業了、

經覺春日社に參詣す

一酉刻參御社、予藝衣・練香五帖、輿、龍守・如意賀・金正上下、・覺朝少衣、・古市播州（胤仙）召具了、

安位寺より榼等を進む

一自安位寺榼一荷・麵十把・混布十卷賜之、

十二日、壬子、終日天曇、

尋尊攝津武庫莊濱鄉の事につき經覺に諮問す

就濱鄉（攝津河邊郡武庫莊）事自門跡（大乘院尋尊）被申子細在之、加思案可返事由荅了、

一龍守事內ゝ又被申之、是も重可返事旨申遣了、

經覺榼等を木澤秀繼等に贈る

（8オ）

一明日木阿可上京都之間、榼以下自今日召」人夫遣了、元興寺領人夫・五ヶ所法師原也、

結榼

結八
榼二荷　鏡　柿　木澤左近大夫（秀繼）

差榼

差
榼一荷　柿　清承

差
榼一荷　白壁　長賢在京之故也、
其外菓子二合九条、廊御方（九條滿家母）、一条局（九條滿家妾）、鏡一面在豐（唐橋）卿、鏡二面豐安（石井）父子（在安）遣之了、又木阿榼一荷・白壁一
合・柿等同遣之、

經覺安位寺に返禮す

一安位寺返事遣之、榼賞翫之由仰遣之、年預ニ杉原十帖・扇一本、使扇一本同遣了、

倶志羅俊種

一倶志羅俊種來、中坪同來、榼一双・混布等賜之、對面了、杉原十帖・扇一本、中坪扇一
本遣了、」

深雪下る

（8ウ）
十三日、癸丑、自辰初點深雪下、大略終日下了、

荒神祓

辰刻荒神祓爲之、陰陽師友幸沙汰之、爲代官龍守遣之了、
一梅賀來、自門跡龍守事以下被申之、

興福寺心經會

一有寺門（興福寺）心經會云〻、祭冠師修理大夫友幸、寺務（勝願院良雅）不出仕、五師・三綱計、兩門跡（一乘院教玄・大乘院尋尊）題名僧出云〻、
梅賀歸參門跡了、
十四日、甲寅、

成就院清祐禮節を申す

一清祐（成就院）法眼以民（×式）部男申礼節之次、榼一双・鏡一・白壁一合賜之、仰祝着之由了、扇一本遣
了、

立野信衡　矢根　吉井信俊

（9オ）
一立野弥次郎男信衡來、榼一・白壁等給之、對面了、檀紙十帖・矢根廿遣了、以次吉井」信

俊方へ綿一屯遣了、舊冬契約了、

十五日、乙卯、霽、

佐キウチヤウ爲見之可出地藏堂之由、播州（古市胤仙）來申、老躰無益之由雖仰之、頻誘引之間出了、兒共上下ニテ召具畢、於地藏堂有一獻、

（左義長を見物す）

一粥如例、予着藝衣祝着了、

（粥）

一恆例念仏唱念之、六万反也、

（恆例念佛）

（9ウ）

十六日、丙辰、霽、

普賢延命呪千反・不動合行呪千反・荒神呪千反唱之、幷理趣分十六巻轉讀之、

（理趣分轉讀）

一自太平寺（河内）巻數二合給之、年始荒神呪幷恆例祈禱分也、悦遣了、使同宿之間、礼大刀一腰遣了、

（河内太平寺より祈禱巻數を進む）

一於興福寺有蜂起始云々、

（興福寺蜂起始）

一甲斐（常治）所へ《結》榼二荷・蜜甘折一・柿二連遣之、賀々嶋（加賀）所へ《差》榼一荷・鏡・柿遣之、大〔應〕嶋（久重）所へ《差》榼一荷・柿遣了、徳市法師相副了、

（經覺甲斐常治等に榼等を贈る）

一善性（成舜）來、語云、伯二位雅兼（白川）卿禪門逝去之間、宮千代十四日晝立ニ上洛云々、不便事也、

（宮千代父白川雅兼薨ずるにより上洛す）

一了禪房來、

（10オ）

一与一男來、種替姉觸氣十日之由、御子申云々、

（立野與一姉觸氣）

十七日、丁巳、霽、
小泉(重榮)來、榼・肴等如例、對面了、綿一屯・十帖遣了、
一陰陽師來、友幸、直垂、對面了、檀紙十帖・扇遣了、
一九条へ春日局菓子一合、堀川局(九條成家母)同之、八条実世朝臣鏡一上遣了、倉下人夫也、
一龍守事ニ泰祐奉行奉書在之、御恩事被載一紙賜候、

注文

院入庄(城上郡)給主分 御講米并御米、此外庄立用等在之、
尺度庄(河内古市郡)御米五石　若槻庄(添上郡)御米廿石 免引物・庄立用等在之、
九条庄(山邊郡)舛口　曾我部庄(城下郡)御馬飼
上郷(越前坪江郷)分之内七貫文　本庄郷(越前河口莊)准絹代 此間慶有給領分、
(10ウ)
呉綿一屯

已上

寶德三年正月日奉行封裏了、

十八日、戊午、天曇、
觀音經六巻・少呪等唱之、法樂長谷寺了、

小泉重榮酒肴を進む
經覺九條家春日局等に物を贈る
龍守丸に諸莊得分を恩給す
大和院入莊給主分
河内尺度莊
大和若槻莊
大和九條莊
大和曾我部莊
越前坪江上鄉
越前河口莊本莊鄉
長谷寺法樂

大乘院孝尋月忌

一後巳心寺(大乘院孝尋)御房月忌也、懃行爲之、

一森目堂來、扇一本・長能一腰遣了、

年厄を落す

一爲落年厄、進人於八幡厄神了、彦さ衛門也、帶遣之、用途五百七十文遣了、

九條家へ酒肴を贈る

一九条へ榼一双・白壁遣了、

十九日、己未、霽、且雪、

九條家一條局等の返禮

(11オ)

木阿下向了、一条局扇、春日・堀河両局帯給之、淸承杉原・扇給之、大嶋〔應〕杉原一束賜之、」

甲斐常治等返報

一甲斐返報爲悅云々、木澤同篇也、予公事委細申付之間、不可有如在之由申云々、目出〱、

一申刻彦さ衛門歸了、

廿日、庚申、

繪解

繪解來之間令解之了、用途少事遣之、其躰比興也、

一慶有來、進退事爲歎之也、」

衆人大乘院門跡候人の死去につき風聞す

(11ウ)

一賢秀(良鎮)・舜專來、各語云、門跡候人以下去年以來多以卒去、又逢災、匪啻(直)事者哉之由衆人申之云々、誠以外也、結句去十三日繼舜夢ヲ見樣、故玄兼來之(〆テ)間、繼舜申樣、御邊ハ死去之由存候處、如何ニ而來給ぞ、答云、面々(御邊ト宮千代)爲同道申來云々、繼舜云、年始事也、不吉ノ事ヲ承候、何トモ說直度由申處、玄兼暫案樣ニテ罷歸ト見了、仍以外怖畏種々祈禱等爲之

繼舜の夢想

尋尊の夢想

明教房實盛の夢想

云々、誠可愼可恐、又禪公(尋尊)夢ヲ(×云)見給了、樣ハ舜洞僧對馬弟、門跡ノ釜殿邊ニタ、スミテ、後ニハ上ロヱ來テ曼陀良ヲ賣ヲ、繼舜」(12オ)手ニ取テ見、ヲヒタ、シクセヲハセテ□(持カ)ケルト被見了、以外之不吉也、旁以可令祈禱事也、隨而衆人恐懼無比類云々、珎事、又是ニ召仕実盛明教、

一昨夜夢ヲ見樣ハ、門跡ノ新殿ノ緣ニ淸祐法眼・隆舜、これの覺朝・実盛ナラヒ居タル心地ス、而法師ノ衣着タルカ篠(篠)ノ葉ニ物ノ腹ハタノ樣ナル物ヲスエテ明教前ニ來、これハ何ソト尋侍レハ、彼法師ノ云、是ハ鵲ニノマセタル毒也、面々ニ爲進持テ來之由申之間、アラキタナヤト思テ吐土ヲスル時、覺朝是ヲトリテ見ト思テ、キタナキ心地シテ夢覺了云々、是モ門跡ノ事ヲ夢ニ見歟、可恐事也、」(12ウ)

廿一日、辛酉、

旬講問

旬講問二座・金剛經等如例、

九條經教忌日

一故大閤(九條經教)忌日也、懃行如形修之、備進靈供了、

井上玄專酒肴を進む

一井上若州(玄專)兒希(肴)・一瓶等召寄了、播州以下令賞翫了、播州又莖立一積召寄之、

一吉阿向奈良、

經覺越前河口莊細呂宜鄉上方につき尋尊に返答す

一賢秀・舜專歸了、門跡へ返事仰之、細呂宜鄉(越前坂井郡)上方事也、

一吉井衞門十郎榼兩籠以下進之、

繪所吐田重有當生星を書す

太子法樂

松林院貞兼賀札と物を進む

經覺返書

楠葉西忍

經覺古市胤仙をして奇事の祈禱を沙汰せしむ

一繪所(吐田重有)筑前當生星書賜了、」(13オ)

廿二日、壬戌(戊)、

如意輪呪千反唱之、法樂太子了、

一貞兼(松林院)僧正給賀札、筒一・久喜一桶・白壁一合・茶十袋・折一合・江州納豆五給之、返報、

新霞稱《カサンテ》一天草色漸萠、舊雪消九疑山名也、松緑早長候、韶陽之美景不謂令歷然候歟、隨而吉祥之普悅令蒙衆人之条、誠以珍重候、就中寺社之榮華僧法之味合併可在斯春候哉、自他之祝着不可如之候、幸甚〱、抑色々濟々送賜候、」(13ウ)年々芳志不知所謝候、千万端之嘉悅《慶》連々可申承候也、謹言、

正月廿二日　(經覺)(花押)

御返事

一大山馬血以下出之間、綿一屯遣了、

一光英禪順、來、當年初也、又楠葉(西忍)來、

一越智衞門十郎帶一筋・扇遣了、

一播州來、於當所希共在之、殊祈禱可沙汰事也、運ノ前ノ希ト云事在之、能々可勵沙汰旨仰含了、仍卽躰も涯分可沙汰心中也云々、可然〱、」

古市止住學侶光英と奇事祈禱事を語る

（14オ）

廿三日、癸亥、

光英語云、當所希共事驚入者也、涯分可致懇祈事也ト相語者也、尤之由仰了、抑希云事ハ何事哉、語云、先四日井クツレテ虵死事、次大晦日注連ヲ中ヨリ切了、仍沙汰直懸之事、次サキウチヤウ作時倒事、此分之由承云〻、何も不吉事也、

安位寺より賀物を進む

星供

一自安位寺客坊雜紙二束給之、幷修正花餅一枚大、賜之、祝着之由仰了、檀紙十帖・筆十管遣長算法印了、又星遣之、可供養可致星供之由仰遣了、

廿四日、甲子、

卯刻雪下積如□、

古市止住學侶懐舜を召す

（14ウ）

一懐舜観禪院、來、依召也、

足利義教忌日

一地藏懃行如例、又普廣院（足利義教）忌日也、如形奉訪了、

廿五日、乙丑（×巳）、凡春寒也、

且少雪下、

經覺古市胤仙の招引により古市城に赴き遊興す

一在湯、入了、午刻古市城招引、如例年、仍不能委細、濟〻煩也、在座人數、兒三人、龍守丸・如意賀・春藤（古市）、播州息、當坊上人（迎福寺）（久光）、金正方學侶、懐舜・清憲（興善院）・光英・堯弘・胤仙・頼秀・宜胤（古市）・榮恩（宗憲）、面〻有双六等、

天満法樂
經覺畠山持國飯尾貞連に酒肴を贈る
古市胤仙引出物を進む
經覺亡母正林正忌
大乘院孝圓月忌
奇事祈禱のため上乘院實濟古市城内に於て護摩を修す
雙六

(15オ)
一心經二十五巻讀之、法樂天滿了、又文殊呪千反唱□〔之〕、幷融通念仏千二百反唱之、
一榼二荷・柿二連管領(畠山持國)遣之了、直狀也、又榼二荷・白壁二合・柿遣大和守(飯尾貞連)了、
一引出歟、大刀一腰・莚十枚・杉原十帖古市賜之、
廿六日、丙寅、
故禪尼(正林)正忌也、備進靈供、讀誦法花、又僧五人、當坊衆三人・文殊房・順(順カ)西房招引之、
如形有少膳等、」
(15ウ)
一故御房(大乘院孝圓)月忌也、壽量品等讀之、
一爲祈禱於古市城内山実濟(上乘院)僧都護摩在之云々、又於宮拜殿千座仁王經讀誦云々、色々有希故也、懇祈禱尤可然者歟、
一吉阿上京都了、
廿七日、丁卯、雨、
在双六等、懷舜兄弟(光英)・胤仙父子(春藤丸)、予相交了、可謂老狂歟、爲痛冷然也、」
(16オ)
廿八日、弋〔戊〕辰、小雨、
荒神呪・聖天呪・不動呪唱之、
一今日在双六等、

普賢院弉弘用途等を經覺に進む

一弉弘（普賢院）得業折一合・用途貳百疋賜之、仰悅之由畢、

廿九日、己巳、霽、

懷舜越智家榮の所に赴く

懷舜爲向越智（家榮）下山內、當方之儀条〻爲談合也、帶五筋・杉原十帖遣越智了、

畠山持國飯尾貞連の返禮

一管領返報在之、大刀一振・杉原十帖賜之、不思寄者歟、又大和守練貫一重給之、」

（16ウ）

一召実濟僧都能（與）小盃了、

晦日、庚午、

實濟酒肴を經覺に贈る

內山院主（實濟）筒一・蜜甘一籠給之、仰不思寄由也、

唐橋在治仁和寺領稗田莊の賀茂社上分米無沙汰事につき勅命を沙汰せんがため下向す

一在治（唐橋）朝臣下向了、賀茂上分事稗田（添上郡）庄無沙汰事、自禁裏被仰下旨在之、又端局渡世事、条〻被申之、昨日被下向之間、委細尋聞了、

一有湯、入了、」

（17オ）

二月小

朔日、辛未、

千德万福幸甚〳〵、

旬講問
古市胤仙酒肴を進む
唐橋在治上洛
春日祭
土筆
興善院清憲等一獻を進む
古市方奈良に矢入を爲す

一旬講問二座・金剛經讀誦了、又千巻心經幷普賢延命呪・不動合行呪各千反唱之、
一播州(古市胤仙)一瓶・一兩種賜之、
一餅祝着了、
一在(唐橋)治上洛了、
二日、壬申、
有春日祭云々、上卿・弁可尋記、
一出南口土筆取之、夕飯賞翫了、」
（17ウ）
三日、癸酉、
光英・胤仙・頼秀等會合、有双六等、小(少)々遊、
一龍守可上奈良之由風聞之故歟、清憲(興善院)・光英・堯弘・胤仙・頼秀・宣胤(古市)等令會合、進一獻
畢、
鴈一・鯛一懸・榼一双・素麵五束・壁(白脫)一合・柹・混(昆)布・土筆一折敷・蜀(獨)活一折敷給之、
不思寄者也、但及晩之間、先如形令賞翫了、明日可賞翫之由仰了、」
（18オ）
四日、甲戌(戌)、
有矢入、當□鹿野苑勢共出了、予内者共少々出了、於西木戸口有矢戰、聽引退了、

祐盛の子如意壽物を經覺に贈る

地藏堂に於て千座仁王講を修す

五大力菩薩百體摺寫す

堯阿遁世す

鹿野薗遊覽

大聖院運盛來る

桂女酒肴を進む

越前坪江鄕油免無沙汰により守護書下を得るため木阿を上洛せしむ

唐橋在豐の使者下向

古市城に連歌あり

一祐盛子如意壽云々、榼一双・白壁一合・山芋一褁賜之、幷花瓶一・香呂一各胡銅賜之、不思寄者也、

一爲祈禱千座仁王講於地藏堂修之、井山法師等也、自去廿六日始行云々、今日結願了、五大力百躰摺之、胤仙沙汰也、有希等故歟、

一就龍守事舜(良鎮)專來、

一堯阿申暇、出遣了、遁世云々、以外無正躰也、爲傍輩悅歟云々、」

(18ウ)

五日、乙亥、快霽、

出鹿野薗山遊了、鶯茸等取之、

一大聖院(運盛)來、

一桂(女脱カ)榼一・勝栗等持來了、

六日、丙子、雨、

一上木阿於京都了、油免以下無沙汰之間、爲取守護(斯波千代德丸)書下也、榼一荷・柑子折一、甲斐(常治)幷加賀嶋所へも榼一荷・白壁一合遣了、

一菅宰相(唐橋在豐)使田中下向了、日根野借物事也、

一於播州城在連哥云々、奈良仕手共也、幷今晴(氏信・元氏)父子云々、」

大聖院運盛上洛す
桂女に梅染面を與ふ
猿樂今晴
經覺古市胤仙と稗田荘所出の賀茂社上分米につき問答す
南大門に薪猿樂あり
馬を替ふ
丈は四尺五寸
經覺遊覽の次古市藥師に參詣す
山城普賢寺殿原一揆して守護畠山持國に背く
楞藏主髮剃を經覺に進む

（19オ）

七日、丁丑、霽、

大聖院上了、田中同歸了、

一桂女歸之間、梅染面一遣了、

一猿樂今晴父子來、對面了、

一稗田（添上郡）庄所出賀茂上分米事、播州來之間、叡慮之趣問答了、

一自今日於南大門有薪猿樂云々、筒井勢共置所々猿樂爲之云々、

八日、弋〔戊〕寅、霽、

小黑引替了、替馬聊年老、然而大小黑ニ增者也、タケ五騎〔寸〕計、ハタラキアリ、宗乘來、

一藥師呪千反唱之、

（19ウ）

一未刻出南口遊覽了、以次八嶋（添上郡）・横井兩所當鄉藥師ニ參了、各唱小呪、歩行、兒兩人幷堯弘・播州等同道了、

九日、己卯、雨、

一播州語云、山城普賢寺（綴喜郡）殿原七十余人令一烈〔列〕、令違背守護（畠山持國）立籠天王畑云々、

楞藏主來、瀨喜髮剃一手賜之、

一莖立一積自奈良賜之、悅遣了、

一○コノ一行空白ナリ、
十日、庚辰、霽、

九條家に返報を遣す

有湯、入了、一九条田中下了、則遣返報、」

（20オ）

博奕

一依博奕知了追出了、
一御膳以下調進之、明教（實盛）沙汰云々、

清承越前河口荘細呂宜郷につき返答す

一善性（成舜）來、細呂宜郷（越前坂井郡）上方事、清承返答之趣演說畢、

猿樂孫四郎

一猿樂孫四郎來、クシ巻ノ大刀一腰遣了、
十一日、辛巳、霽、

句講問

句講問・金剛經以下如例、

大乘院覺尊忌日

一新宮（大乘院覺尊）忌日也、如形奉訪了、

清承に奉書を遣す

一善性歸奈良之間、清承所へ遣奉書了、依申請也、

八峯山茶園

一八峯山茶薗令掃除了、元興寺領人夫也、
十二日、壬午、霽、
今日八峯山茶薗掃除了、

龍守丸の事につき尋尊より申入る

一龍守事、以舜專自門跡（大乘院尋尊）猶有被申旨、不可有如在之由返答了、即躰所存堅固之間、無所于

松南院領より貢進の竹遲怠す
薪猿樂の者暇を取る
八峯山茶園掃除のため元興寺領人夫及び横行兩座を召す
經覺越前坪江鄉油免等につき嚴命す
時正に入る
舍利禮
經覺用途等を遺して上野房祐光三回忌に資す
彼岸中念佛

沙汰者也、
(20ウ)一松南院領田原榎木(又本)殿跡事、竹廿本毎年可切進之由契約之處、雖召之遲之間、中荻幷出雲説
勘了、以与一男問答了、
一播州獨活一籠給之、則遣門跡了、
一薪猿樂今日給暇云々、
十三日、癸未、天曇、
今日モ八峯山茶薗掃除之、元興寺領幷横行兩座五ケ所十座、共以召出了、
十四日、甲申、雨、
木阿下了、油免無沙汰事幷甲斐式部四名事、嚴密可致沙汰之由出狀了、目出、吉阿同下
了、
(21オ)一自今日入時正、仍恆例百万反唱念之、今日十五万反唱之、
十五日、乙酉、雨、自夜霽、
爲報尺尊之恩徳、講問一座、舍利礼十五反唱之、又備進燈明於北円堂了、
一明日故上野房祐光第三年也、仍爲諷誦物杉原十帖・用途百疋遣遺跡了、
一毎月念仏六万反唱之、又彼岸中念仏同十五反唱之、

徳市を越前に遣す定使得分を定む

一下徳市法師於北國、今日召之、明日十六日、可下向由仰含了、以油免内爲定使得分、毎年八木五石・綿一屯可遣由加下知了（〆仰含了）、

功徳湯

一有功徳湯、入了、

(21ウ)

十六日、丙戌（戊）、天霽、

有功徳湯、入了、

古市胤俊三回忌佛事を白毫寺に行ふ

一去々年打死中務男（古市胤俊）第三年仏事、於白毫寺沙汰之、播州罷向了、奈良城衆多以口々罷出之間、卒（率）軍勢云々、

生和布

一清憲生和布一鉢賜之、仰珎物之由了、

一念仏十五万反唱念之、

一木阿向奈良、

十七日、丁亥、

坊城右京亮來、對面了、

一遣吉阿於使了、

梅開花

一梅一重開枝見來者也、

(22オ)

十八日、戊子、霽、

大乘院孝尋月忌

後已心寺（大乘院孝尋）御房忌日也、懃行如形爲之、

長谷寺法樂

一十一面小呪幷觀音經六卷讀之、法樂長谷畢、又同小呪千反唱之、拜安位寺了、

藥師院胤實春日社法華八講につき經覺の助成を請ふ

一胤實（藥師院）僧都來、來四月可有御八講、爲季頭一﨟計會無極身也、可蒙助成云々、不可有如在之由返答了、片時對面、

尋尊河口莊細呂宜郷上方未進分につき申入る

一自門跡爲隆舜奉行、細呂宜郷上方未進之內、文安元年分事、去年可取之由被申間、令問答奉行淸承了、付其事奉書在之、遣返答了、

古市城連歌

一於播州城在連哥云々、」（22ウ）

十九日、己丑、霽、

筒火

波多森茶屋を燒く

夜前丑刻、城番衆高聲ニ、筒火ノ香在之、所々番衆可有用心之由觸之、仍城中夜廻等爲之處、則刻波多森（添上郡）茶屋一間火然（燃）出畢、若相途相違之時可燒之由、夜打衆契約之火歟之由有推量、

長谷川と森屋山論により合戰に及ぶ成身院光宣仲介す

一長谷川（城下郡）海智庄与森屋山論事在之、仍及合戰云々、但例光宣（成身院）律師罷下致切（折）中云々、可然歟、」（23オ）
無所不及手クセ者〳〵、

廿日、庚寅、霽、但夕曇小雨、入夜甚、
湯無之、

一木阿返來、
一見鶉羽之一帖、

惠心坊榮快寂す

一惠心坊榮快僧都今曉逝去云々、七十余歳者歟、(又云々)
廿一日、辛卯、天霽、

九條經教遠忌

故大閤(九條經教)遠忌也、備進靈供奉訪了、
一吉阿巳刻下向了、語云、京都花少々開、其盛廿四五日比云々、

中臣祓

一中臣祓爲之、

唐橋在豐賀茂社上分米の事につき勅使として下向す

(23ウ)
一菅相公(唐橋)在豐卿來、自　禁裏御使也、賀茂宮」上分稗田庄所出事也、茶垸・花瓶一賜之、
廿二日、壬辰、

太子法樂

如意輪呪千反唱之、法樂太子了、
一有小盃、素麪等也、
廿三日、癸巳、天霽、

唐橋在豐上洛

相公上洛了、綿一屯遣了、

經覺花見遊覽す

寂靜院にて獻盃

(24オ)
一爲花見午刻出門、兒三人龍守・如意賀・春藤播州息、・方衆共幷播州等也、予輿、兒共馬、方衆等步行、
但淸憲一人乘馬、先有湯、入了、次於寂靜院令獻盃、寺用意也、其」煩濟々、爲痛、又於弁才

辯才天にて蹴鞠
羅漢舞
猿樂亂舞す
夕景迎福寺に歸る
教法院に榼等を與ふ
小泉重榮鳥見莊檢斷沙汰のため古市胤仙に奈良城攻撃を依賴す
古市勢奈良城に矢入をなす
足利義教忌日
九條家侍石井在安下向す
懷尊酒肴を經覺に進む

天有蹴鞠、兒共・播州・堯弘等也、於此在所モ有盃酌・音曲、寂靜院羅漢舞爲之、又引移(衍カ)樓門北脇在所へ引移テ有酒、猿樂共兩三人音曲及乱舞之間、馬二疋引遣了、然後向福寺、織(職)事性舜出榼以下之間、又於此在所モ有酒盛、有暫令歸路了、爰發心院後見ト号、又爲向酒之間、於岩井川宮前暫酒宴、白駒近山時分歸迎福寺畢、

一榼等遣教法院了、又慈心寺へも榼・苪藤遣了、依所望了、

一入夜一盃在之、

（24ウ）

一舜專來、

廿四日、甲午、旦霽、夕風、夜雨、

小泉(重榮)与室(丹波房)來、鳥見(添下郡)檢斷事及沙汰子細在之欤、稱失面目、小泉出勢○檢斷在所可伐居、就其室來、筒井一躰之間、奈良城事可沙汰者(×■)、定筒井勢恣不可罷出之間、爲其申云〻、是へも申賜了、仍播州岩井川邊まて罷出了、手者共遣城邊、射入矢了、及晩陰引退了、

一地藏呪等唱之、如例、又普廣院(足利義教)忌日、如形奉訪了、

一九条侍河內守(石井)在安下向了、爲礼云〻、

一懷尊律師榼一・白壁一合賜之、

（25オ）

廿五日、乙未、雨風、

盛花定凋衰歟、此風雨可謂花敵、

天滿法樂

一天滿法樂心經等如例、又融通念仏千二百反・文殊呪千反唱之、

石井在安古市胤仙等を召し鯉を賞翫す

一自奈良爲兒鯉一賜之、河內守・播州等召集、可賞翫之由仰付了、

廿六日、丙申、霽、

大乘院孝圓及び經覺亡母正林忌日

故御房（大乘院孝圓）并禪尼（正林）忌日也、法花經等讀之了、

石井在安菩提山に赴く

一河內守向井山了、爲見之也、

廿七日、丁酉、

在安上洛す

在安上洛了、

（25ウ）

一善性來、

廿八日、戊（戌）戌、

荒神呪・聖天呪・慈救呪各千反唱之、

横行事につき成就院清祐と問答す

一横行事以目安問答清祐（成就院）法眼了、使德阿來、

廿九日、己亥、

在湯、入了、

興福寺別當勝願院良雅經覺に禮節を申す

一別當僧正良雅（勝願院）以使者侍法師申礼節、榼代貳百疋賜之、不思寄者也、仍使ニ大刀一腰遣了、

為預所泰承得業來、

東南院珍覺二月堂牛王を經覺に贈る

（26オ）一自東南院（珍覺）二月堂牛王十枚賜之、為悦之由、遣返報了、

室生寺長老圓空上人

一室生長老円空上人來、有折紙、不思寄事也、今夜是夜宿雜談了、

清祐使者徳阿に横行事を申含む

一横行事、清祐遁徳阿來、委細仰所存之趣了、生味布賞翫了、

（26ウ）

三月大

朔日、庚子、霽、

千德万福幸甚〳〵、

經覺圓空を饗す

一室生上人（圓空）小膳等饗應了、直上京都云々、

旬講問

一旬講問二座・金剛經等如例、又自讀千卷心經讀之、普賢延命呪・不動合行呪各千反唱之、

中臣祓

一中臣祓爲之、

古市胤仙酒を經覺に進む

一播州（古市胤仙）一瓶等給之、仰祝着之由了、

一餅賞翫之、

一彥さ衛門自昨日違例、今時分難知之間、先出之了、

大蒜

山城守護畠山持國被官遊佐國助同國普賢寺侍衆を征伐せんことを古市胤仙に告ぐ

草餅

五智光院英通房

後見成就院清祐節供を調進す

大安寺福生院

經覺上洛す

二日、辛丑、霽、

馬出血了、

（27オ）

一吉阿上京了、

一爲食事間、忍辱（大蒜）賞翫之了、方衆少々會合了、

一播州來云、就山城（綴喜郡）普賢寺事、自遊佐（國助）方有書狀、子細者彼在所侍共背守護（畠山持國）之間可退治云々、

其事也、談合古市、

三日、壬寅、雨、

播州一瓶・赤飯・草餅等給之、仰祝着之由了、

一五智光院英通房茶廿袋賜之、」

（27ウ）

一自極樂坊茶廿袋給之、悅遣了、

一桃宴之儀如形自後見（成就院清祐）調進之、如例、予着藝（褻）衣祝着了、手長龍守、當色、役送覺朝少衣、也、

一自播州所赤飯一鉢・一瓶・草餅等進之、仰祝着之由了、

一大安寺福生院茶十袋賜之、依所望也、」

（28オ）

四日、癸卯、

雨至五更降了、寅刻止、其後出門上洛、至木津（山城相樂郡）邊吉田伊豆（通祐）以下播州若黨等少々送之、至

九條顯行院に著す

木津夜明了、未初點着九条之顯行院了、

五日、甲辰、霽、

九條亭に參る

參殿中了、榼一・肴等進了、

一室生長老來、對面了、

一榼一・柑子一折遣淸承方了、

（28ウ）

十一日、庚戌（戌）、

旬講問

旬講問二座・金剛經等如例、於顯行院堂修之、

大乘院覺尊忌日

一新宮（大乘院覺尊）忌日也、懃行如形修之、

十四日、癸丑、

一條兼良亭に參る

參殿下（一條兼良）、予藝（褻）衣・香ケサ、龍守一人召具之、其外二三十人召具之、依夜陰也、殿下有對面、道服被着之、依內々儀也、又大將殿教房（一條）、□直垂被着之、自初被雜談了、有少獻、不（×▒）思寄事也、

（29オ）

十六日、乙卯、

經覺迎福寺に歸る

午刻俄下向了、先遣人可賜迎之由仰遣古市了、不及日中沙汰、迎戌（戌）刻於般若寺（添上郡）馳來了、自其召具之、入手害（轉）、出修正院、至宿院、西南院東裏ヲ通テ木辻ニ至、元興寺幷少塔院

旬講問
九條經教月忌
天滿法樂
大乘院孝圓正忌

ノ西ヲ貝塚ヱ出了、自其着迎福寺了、下着之時分及三更了、
廿一日、
旬講問以下如例、（29ウ）
一故大閤（九條經教）月忌也、如例懃行了、
廿五日、
融通念仏・天滿法樂心經以下如例、又文殊呪千反唱之、
廿六日、
故御房（大乘院孝圓）正忌也、當坊（迎福寺）以下僧衆七八人招請之、時〔齋〕以下如形沙汰了、予如例四用〔要〕品等讀之、
靈供以下」令備進了、（30オ）
廿八日、
聖天・荒神・不動呪各千反唱之、
卅日、
有湯、入了、

旬講問

古市胤仙酒肴を進む

佛生會

逆修始行

連歌師六角堂專順來り連歌會を催す

春日社法華八講

（30ウ）

四月

朔日、

千徳万福幸甚〳〵、

一旬講問以下金剛經等如例、

一播州（古市胤仙）一瓶以下給之、仰祝着之由了、

一餅賞翫了、

八日、

有仏生會、別會五師光胤（清淨院）得業、別當僧正良雅（勝願院）不出仕云々、三綱等追可尋記、

一自今日如例逆修初之、持齋也、法花□議講問幷法花一品少呪等也、舎利仏供備之、「

（31オ）

十一日、（今日京カ）□□□都連哥（師）仕六角堂法師專順來、連哥在之、事終綿一屯・太刀一腰遣了、コ○

ノ一項追筆ナリ、

旬講問如例、

一自去九日於社頭（春日社）有御八講、今日引物日也、別當良雅僧正・權官空俊（喜多院）僧正以下出仕云々、季

行事追可付才學、

十四日、

今日當逆修初七日之間、當坊《迎福寺》僧衆三人招請之、能時《與齋》了、當日十王本地不動呪千反唱之、

逆修初七日

十五日、

在湯、入了、

十八日、

後已心寺御房《大乘院孝尋》正忌也、僧衆少〻招請之、如形奉訪了、

大乘院孝尋正忌

廿日、

今日當逆修第二七日之間、僧衆兩三人召之、能時《與齋》了、

逆修二七日

廿一日、

（31ウ）

旬講問以下如例、

旬講問

一故大閤《九條經教》遠忌也、懃行如形修之、

九條經教遠忌

一自今日龍守以下可參宮之間、自今日別火也、〇コノ一項追筆ナリ、

龍守丸以下伊勢參宮のため別火となす

廿二日、

如意輪呪千反唱之、法樂太子了、

太子法樂

古市胤仙訴訟のため上洛せんとす

泰承春日社法華八講季行事と爲るにより經覺に禮物を進む

季行事交名

一播州爲自訴明日可上洛、爲出門當寺（迎福寺）へ來間、爲祝着白少（小）袖一遣了、畏申者也、

一泰承得業榼一・麵二・菓子持來了、今度季行事隨一也、用途三百疋遣之故礼儀欤、季行事人躰事、

　一﨟　胤實（藥師院）僧都　淸乘律師

　　好胤律師　好乘得業

　　泰承得業　今一人追可記之、○コノ一項追筆ナリ、

古市胤仙上洛す

廿三日、

播州上洛了、

廿四日、

地藏呪□（等カ）如例、

（32オ）

天滿法樂

廿五日、

天滿法樂心經等如例、文殊呪千反・融通念仏千二百反唱之、

大乘院孝圓及び經覺亡母正林忌日

廿六日、

故御房（大乘院孝圓）幷禪尼（正林）忌日也、法花等讀誦如例、

廿七日、

逆修三七日
古市胤仙訴訟成就の旨を經覺に報ず
經覺酒肴を胤仙に贈る
龍守丸等春日社參
龍守丸等伊勢參宮
古市胤仙母春日社參詣の際筒井方人質に取らんとするも果さず
奈良勢波多森茶屋を燒く

今日當逆修第三七日之間、僧衆等如例招請了、
一自今日播州給狀、昨日廿六日、七時分管領(畠山持國)對面、金〓關一部給案堵(安)、其外馬・太刀以下拜領、施面目之由注進了、其身大慶當方悅也、珎重〳〵、
一今朝榼二荷・一種播州ニ遣了、定悅喜者歟、」

(32ウ)

一入夜龍守以下參御社(春日社)了、明日依可□(參)宮也、
廿八日、
龍守輿・如意賀輿・覺朝・實盛・專親・木阿・金正輿・實盛妻輿、以下今朝參宮了、精屋實盛旅宅也、
一播州母儀參御社之處、敵方罷出欲質物歟、新藥師邊まて少々罷出了、事儀珎事〳〵、而彼母儀輿ヲ白毫寺ニ置之、步行ニテ參了、新藥師ノ前ヲ通ト云トモ、輿ヲノミ相待テ、步行者ニ目ヲ不見懸之間、無爲ニ通了、幸運至無比類者也、於此邊儀者、既被取籠之由風聞間、衆人□(仰カ)天無取喩物、而無爲之条、誠播州幸運歟、」

(33オ)

一聖天・荒神呪等如例、
廿九日、
自奈良城軍勢五六十罷出、波多森(添上郡)茶屋少々燒之、茶具足等取之打破了、仍一族・若黨以下

奈良勢古市胤仙の歸途を襲はんとの說あり

罷出、少ゝ合戰爲之、無程引退了、
一就播州下向種ゝ有雜說、敵方之計畧也、大畧道ゝ置人之間、其分意得可下向之由仰遣欤、
一大事也、三郎衞門男召之、可立飛脚旨仰付了、」

（33ウ）

五月

朔日、
千徳万福幸甚〳〵、

旬講問千卷理趣分始行

一旬講問・金剛經以下如例、又千卷理趣分始之、
一自古市留守一瓶・一種給之、又餅祝着了、
二日、

古市胤仙河內路より歸著す

（古市胤仙）播州自河內路下向、今日入夜歸着云ゝ、路次無爲目出〳〵、
三日、

古市胤仙關拜領を經覺に告ぐ

播州來、關事無爲拜領、奉書以外眉目也、
四日、

昌蒲〔菖蒲〕葺之、仕丁武清也、用途一廷〔連ヵ〕下行之、

一第四七日逆修、僧衆當坊〔迎福寺〕衆三四人請之、如例、

（34オ）

五日、□

□〔一〕赤飯一鉢・一瓶・チマキ一折敷播州賜之、仰祝着之由了、

□〔一〕□後見〔成就院清祐〕調進之、□〔如〕例、予着藝〔褻〕衣祝着之、手長□□、當色、役送覺朝、□、

□、

七日、

傳聞、門跡〔大乘院尋尊〕節供一昨日依役人違乱不進之、而今日進之云々、不可說〳〵、手長宮千世、直垂、役送繼舜權寺主云々、等身衣也、

十一日、

逆修第五七日今日也、此邊僧衆七八人招請之、能時〔與齋〕・點心畢、地藏呪千反唱之、又卒都

（34ウ）

婆一本書之、用途少事大仏經ニ引之、

一旬講問如例、金剛經同之、

一新宮〔大乘院覺尊〕忌日也、懃行如例沙汰之、於門跡有八講云々、

廿〔十〕五日、

菖蒲を葺く

逆修四七日

後見成就院清祐節供調進

門跡節供遲引す

逆修五七日

旬講問

大乘院覺尊忌日門跡にて法華八講を修す

有風呂、入了、及日中之間、如例汲井水浴之、除邪病祕述〔術〕也云々、

□□□〔十八日〕、

逆修六七日

第六七日逆修□□爲之、當坊衆□□了、□〔觀〕音經六卷讀之、□如例、

□關□云々、

□〔廿〕一日、

□□〔旬講〕問如例、

九條經教正忌

一□〔故〕大閤（九條經教）月□〔忌〕正也、僧衆少々招請之、□□、○コノ一行、前行ノ下ニ書ス、

○以下一丁白紙、

「（表紙題簽）安位寺殿御自記　三十 二十九」

「（表紙、別筆）享德三甲戌年十二月廿日ゟ維摩會始行
年正月　御歯固之事
年十二月　政覺御入室之事
安位寺殿經｜（覺）御記
大乘院」

○原表紙ナシ、

○本冊、①年月不詳十日〜二十三日ノ日次記②年月不詳十五日〜二十九日ノ日次記③年不詳正月歯固事④寛正三年十二月大乘院政覺入室事ノ四部ヲ合綴ス、コノ內、十日〜二十三日ノ日次記、文中ニ「飯尾大和入道（貞連）流罪」トアリ、『康富記』寶德三年九月七日條「八幡奉行飯尾大和入道流罪事雖申入、只可被改易八幡奉行之由被仰之云々」・『齋藤基恆日記』寶德三年二月條「一、（不知月日）飯尾和禪性通、依南都訴訟、止出仕訖、伺公御免、（〇下略）」トノ記事ト一致ス、マタ十一日・十二日・廿二日・廿三日ノ干支、寶德三年九月ノソレト一致ス、仍リテコレヲ寶德三年九月十日〜二十三日ノ日次記ト推定シ、此處ニ收載ス、

〔寶徳三年〕

〔九　月〕

五大院長尊
十市遠清

○前闕、

（17オ）
自分緩怠者閣之、以外恨申云々、沙汰外之次第也、而又□〔當カ〕庄代官事、一日辞申之由申之間、以長尊得業状□容ᴖ条不可叶、誠可上表者、遠清〔十市〕状を可取□而又同篇申之間、所詮以本人状□儀条、雖□〔難カ〕意得、長尊五大院、立申□細者□〔仰カ〕了、

〔一〕□給之、仰賞翫之由了、

〔一〕□

（17ウ）
□可遣懐舜禪覺、□

□

〔一〕□事□悦□了、

〔一〕□方大衆沙汰之、催諸山以下奉□御歸座云々、兩門跡〔一乗院・大乗院〕候人・諸院家侍以下

春日社神木歸座のため一乘院大乘院候人諸院家侍等を催す
筒井順永も罷出づ

旬講問

香具山に於て經覺方一揆の衆徒豐田賴英小泉重榮古市胤仙等評定す

學侶六方衆徒國民等書狀を京都に上す

九條家侍石井在安下向す

木阿を長谷寺に遣しその所存を尋ぬ

まて□〔悉カ〕催出了、仍畏頭及七〔八〕百人云々、衆徒又筒井〔順永〕罷出之間、軍勢濟々帶冑〔甲〕冑者千人、」（幕府、興福寺所管ノ攝津兵庫關ヲ收ムルニヨリ、同寺衆徒、春日社ノ神木ヲ奉ジテ入京セントスルコト、康富記寶德三年九月二日・大乘院日記目錄同年同月一日ノ條ニ、勅シテ之ヲ諭止シ、幕府マタ關ヲ復スルコト、康富記九月六日・七日ノ條ニ、神木歸座ノコト、康富記・大乘院日記目錄九月二十四日ノ條ニ見ユ、）

（18オ）

〔十〕□一日、丙午、

〔旬〕□講問以下如例、金剛經同、

〔一〕〔於カ〕□□〔十市郡〕香具山昨日十日、當方一揆衆徒豐田〔賴英〕・小泉〔重榮〕・古市〔胤仙〕、□□□〔清〕憲〔興善院〕、願勝、六方使節重秀、光源、□□□播州兩人〔古市胤仙〕來評定之□□□、

（18ウ）

〔一〕□□□山學侶・六方・衆徒・國民會□□

□□□

□□□不令承諸上者、向後□□□□□不可有卒爾之和睦之儀事□□

□□□都鄙成水魚之思、有其功□□

〔一〕□□學侶・六方・□〔衆〕徒・國民各別認書狀、上京都了、

〔一〕〔自カ〕□□九条河內守〔石井〕在安下向了、二宮反錢事爲談合□〔也〕、」

（19オ）

十二日、丁未、

□〔遣カ〕木阿於長谷、尋聞所存畢、夕歸了、返答□〔趣カ〕者、縱雖如何樣奉、於山者不可去出云々、山

八幡奉行南都奉行を止む
神木歸座を命ず
八峰山の木を南木戸の柱に用ふ

門之□也、

(一)□　巨細尋聞畢、

○コノ間二行分虫損ス、

(一)□　新也、尤翫□

(19ウ)

(一)□　通奉行一人□今日披露寺門(興福寺)云々、其趣ハ□」

□奉書於兩門跡并伊勢□請起請於沙汰也、次奉行□

□刑□八幡奉行也、只今□今前也、此者被退者、只今何者可奉行哉、□上既

(20オ)

被止南都奉行上者、可存故実之由御下知云々、此上者早可奉成御歸座旨、被」□子細之由仰

了、

(一)(八)□□峯山栗木二本伐之、南木戸柱用也、

〔十三日、戊申、カ〕
□□□□□

□三□本賜之、仰賞翫之由了、□面々□集賞翫了、

□悦了、

□、

□之内□出之□」

飯尾貞連流罪の事
神木歸座の日限を陰陽師に尋ぬ

（20ウ）

○コノ間一〜二行虫損ス、

[　　]遣處、飯尾大和入道《貞連》流罪[　　]可申沙汰旨致請文了、[　　]

[　　]國□召上可致請起請之由[　　]歸□《座カ》日限事相尋陰陽師《幸德井友幸》[　　]年

者長谷發向之後可開[　　]

（一）□□《自カ》長谷有申旨、遣返狀了、

松茸

（一）□長谷公坊松茸二籠賜之、悦遣了、」

（21オ）

（一）□[　　]命云々、此子細自南都申賜了、

經覺古市城に赴く

（一）□□下刻古市城へ招引、予以下向了、種々□《煩カ》也、[　　]歸宅了、

○コノ間四〜五行虫損ス、

[　　]条々尋聞[　　]」

○コノ間一〜二行虫損ス、

（21ウ）

教法院

[　　]又普賢延命□《呪》[　　]反唱之、

（一）□[　　]覽了、教法院以下令同道[　　]了、令同道往反之間[　　]

[　　]湯令所望入了、於[　　]、一英音僧來、

教法院歸京す

（一）□教法院□《被》歸了、

極樂坊

一 □自極樂坊松茸一盆賜之、

一 □□吉田京都（通祐）有所用云々、申暇之間不可有［　　　　］

小泉重榮松茸を進む

（22オ）

一 □小泉松茸一籠賜之、仰賞翫之由了、

長谷寺發向の事につき尋尊經覺に申旨あり

一 □□（付カ）長谷發向事、自門跡（大乘院尋尊）以北面有被申子細、［　　　　］由返答了、

一 ［　　　　　　　　］請起請事、楚忽ニ不可致［　　　］代官［　　］返答之、

一 ［　　　　　　　］□（如カ）形奉訪了、

一 ［　　　　　　　］寺念仏無之歟、自門跡沙汰［　　　　　　　　］可尋之、

○コノ間二〜三行虫損ス、

（22ウ）

［　　　　　　　　］於愚前長谷發向［　　　　　　　　］者可障㝵旨評定了、

一 ［　　　　　　　］來廿［　　　］間、爲作善申暇下向［　　　　　］

喧嘩

一 ［　　　　　］男兩人喧嘩、一方當座失命、〇（一方負手）爲□（向カ）後傍輩、雖負手可切頸之由加下知了、而當（迎福寺）

寺□（上）人（久光）押而助之畢、播州如法所存外存（マヽ）云々、

（23オ）

□（廿）二日、丁巳、

一 □昨日下男助事、播州腹立之間、當寺上人令□（退カ）院了、仍無勿躰之由仰之、不承引者也、

奈良の喧嘩

一 ［　　　　　　　］夜於奈良有喧嘩、一方失命、一方負［　　　　　］

〔二〕□後室□移住池殿之由申て一日□屯・〔杉〕□原十帖遣了、以次遣

長谷□

〔二〕□□學侶只今如此申如何樣□

○コノ間一～二行虫損ス、

（23ウ）

越智家榮

□卒爾ニ不仕候□〔越〕□智家榮遣狀於播州所□

□廿五六日之間、自方學侶可有□其時者□可相待之由遣奉書了、□

□委細可申遣旨仰含了、

一□於修理了、畏申者歟、

幕府上使

一彼上使遣二色了、

廿三日、戊午、

十市遠清松南院領十市荘を請負ふも年貢無沙汰

松南院領十市（十市郡）庄事、此間廿石ニ十市（遠清）請申了、而此間事外無沙汰之間、去年懸十市下人責

伏了、

○以下闕ク、

「（表紙題簽）
安位寺殿御自記　二十六甲」

「（表紙、別筆）
寶徳三年十月十九日
唐船誂物日記奥記之
要　鈔
御判」

（原表紙、自筆）

寶徳三年十月十九日 唐船誂物日記奥記之 奥卅六人哥人在之 要　鈔 經（花押）

（原寸縦二七・七糎、横二二・〇糎）

○本冊、末尾ニ唐船誂物日記・唐船歸朝事・春日社々家名字等ヲ載スルモ、別ニ收ム、

〔寶德三年〕

○第一丁・第二丁白紙、

□〔十〕月

（３オ）

十九日、甲申、

馬借發向事、依主人異儀徒在陣云〻、比興〱、仍學侶・六方於田舍住所色〻腹立云〻、

一自長谷寺有書狀、所論山〔城上郡巻向山〕事、當方伺申旨在之、其左右如何哉之由申給了、

一酉刻長井茶屋燒失畢、失火云〻、

一吉田伊豆〔通祐〕・山村武藏〔胤慶〕・彥三郎以下用心事令粉骨之間、能〔與〕日中飯了、少〻有魚味等、

一南都金光院下部男、於田舍下向方衆ニ相伴□下向之處、依醉狂被切誅了、此下部ハ下地古□〔市〕被官也、仍郡山中所へ可寄之由支度云〻、郡□〔山カ〕中若黨切殺之故也、」

（３ウ）

廿日、乙酉、霽、

木阿下向了、甲斐〔常治〕令對面懇悅給了、

馬借一揆鎮壓の軍勢徒に在陣す

長谷寺論所巻向山の事につき經覺の意見を問ふ

長井茶屋燒く

經覺吉田通祐山村胤慶等の警固の勞を賞し日中飯を與ふ

金光院の下部郡山中若黨に殺害せらる

木阿甲斐常治と面談して歸る

古市胤仙京より帰る

一古市播州〔胤仙〕戊〔戌〕刻下着了、路次之儀有種〻浮□〔說カ〕間、迎以下濟〻罷向了、依如此歟無殊事之条
神妙〻〻、

唐橋在豊下向

一自九条在豊〔唐橋〕卿下向了、

廿一日、丙戊〔戌〕、霽、

功徳湯

有功徳湯、入了、

菩提山重俊山水等を經覺に贈る

一重俊〔菩提山〕法印來、山水一双・兩種持來了、令對會賞翫了、

旬講問

一旬講問以下如例、

九條經教遠忌

□□〔故〕〔九條經教〕大閤遠忌也、法花等讀之、如形奉訪了、

〔 〕□[ ]了、

（4オ）

〔 〕□[ ]山中分事難義云〻、可得其意歟之由申給了、

〔 〕□[ ]可給使節旨仰遣了、

廿二日、丁亥、霽、

尋尊門徒使節の住所につき經覺の意見を問ふ

自門跡〔大乘院尋尊〕以北面被申云、昨日門徒使節三人〔隆英律師 宗秀得業・光舜五師〕、可被暫住所事、可爲仏地院歟、但候人以下每事可爲不在、法雲院又闕少歟、然者無其所間、珎藏院當時あきたる所也、豊田中坊也、內〻可仰試歟之由申云〻、且可爲如何樣之由被申間、難申是非旨返答了、

太子法樂

光英をして長谷寺々官を尋問せしむ

關白一條兼良大乘院燒失の事につき公武の成敗あるべき旨を傳ふ

經覺滿寺共同の儀は公武の成敗を敍用せざる旨を返答す

長谷寺の事につき評定す

管領畠山持國長谷寺の事につき古市胤仙に內書を下す

越前坪江鄕油免內計增の下地を供料未進により門跡の直務となす

政所承操未進供料を究納して所務せん事を望む

經覺計增分の油免內たるこ

一如意輪呪千反唱之、法樂太子畢、

一長谷寺官三人、東勝院・友繪・貞延□、以光英条々尋問了、

一自殿下(一條兼良)有御札、門跡燒失門主爲不吉之間、可□出之由雜説候、如何樣哉、且以公武之御成敗可□」(4ウ)成嚴重之儀候、被尋名字可示給云々、返□(答カ)云、依門跡之燒失、口遊不可宜之条者存□□(內カ)、但滿寺共同之儀者、縱雖被申成公武之御成□(敗)不可敍用申、無其儀者强不可有御仰天□歟、但可爲御計之由申遣了、

(奈良ノ土民蜂起シテ德政ヲ要請シ、火ヲ放チテ元興寺金堂及ビ興福寺大乘院(禪定院)ヲ燒クコト、大乘院寺社雜事記・大乘院日記目錄本年十月十四日ノ條、康富記十月十四日・同月二十二日ノ條ニ見ユ、)

廿三日、戊子、天曇、

長谷寺事、条々今日評定了、

一自管領(畠山持國)就古市有內書、長谷事可廻無爲之計畧由事也、」(5オ)

廿四日、□□(己丑)、□(雨カ)、今日暖氣未曾有、多以着帷了、

坪江鄕(越前坂井郡)之內油免之內計增事、去年就(承操)政所致所務了、而今度政所錯乱之刻、地下ヲハ自寺(興福寺)門押之、門跡加下知了、而政所未進供析究沙汰之間、可觸直旨申門跡之處、自愚身方就計增收納事申所存之間、今日帶供衆書狀、政所代來申、然而於計增者、爲油免內之条無子細上者、不去出者難許可之由仰含了、

と分明の上は自方へ去出すべき旨申す
足利義教忌日
長谷寺使節に一獻を與ふ
天滿法樂
十市次郎代官を以て禪定院燒失を慰問す
越智家榮子嶋兵庫助を以て禪定院燒失を慰問す
經覺長谷寺發向事につき幕府使節の意向を斟酌すべき旨古市胤仙に命ず
大乘院孝圓及び經覺亡母正林忌日
經覺長田家則をして上使飯尾爲數の使と長谷寺事を談合せしむ
逆修始行
九條家侍石井豐安下向す

一地藏呪等如例、又普廣院(足利義教)忌日也、如形奉訪畢、
一長谷使節三人召之、能(與)一獻了、光英□(令カ)對(×面)合可進之由仰含了、
（5ウ）
廿五日、庚寅、
天滿法樂心經以下如例、融通念仏千二百反唱之、又文殊呪千反唱之、
一十市次郎以代官訪禪定院燒失事、仰本意之由了、
一越智家榮以子嶋兵庫禪定院事驚申間、仰悅之由了、
一長谷寺發向事、菅原奧南都向事雖計畧、不叶之由申切之間、捨御門了、仍自上使(飯尾貞元・同爲數・松田貞長)有申旨之間、又其趣可計畧之由、仰古市了、長谷使節雖申暇、一左右之間可堪忍旨仰含了、
一清寬(興發心院)榼一双・白壁一合・柿給之、仰賞翫之由了、
（6オ）
廿六日、辛□(卯)、霽、
先師(大乘院孝圓)幷亡母(正林)之命日也、令備進靈供、令讀誦提婆・壽量兩品了、
一長谷事、上使飯尾左衞門大夫(爲數)使白毫寺邊マテ可來由申遣、自古市所長田兵庫(家則)罷向可籌策子細仰含云々、
一自今夜於地藏堂有逆修云々、唱導久光上人(迎福寺長老)、
一九条美作守豐安(石井)令下向、且爲礼、且爲二宮反錢事申云々、用途貳百疋・大刀一腰給之、

龍守丸古市胤仙の理髪により髪を切る
經覺胤仙に大刀等を與ふ

一亥刻爲吉時之間、龍守髮ヲ切了、古市播磨房(胤仙)可切之由仰含了、度々雖申子細、始終可相憑上□(者カ)、如何様可切之由仰含之間、於愚前切之畢、仍大刀一振・刀一腰引之了、神妙、令隱蜜之間、人以□(無カ)存知者也、俄仰含之間、仰天了、龍守又大□(刀)一振・刀了戒、遣了、」

(6ウ)

一用途二百疋賜之、再三雖返遣、猶申所存之間無□(力カ)半□召置了、爲祝着也、

廿七日、壬辰、曇、夜雨、

興福寺五師光胤永秀經覺の使節清憲光英と白毫寺に會す

五師光胤(清淨院)律師・永秀五師來白毫寺、當方使節招出之、清憲・光英兩人罷出了、五師小衣、當方兩人者直綴(裰)・袴也、

風呂

一在風呂、室丹波房燒之、

一有素麵等幷小盃、

飯尾爲數の使者長尾某長谷寺事につき古市胤仙と面談す

一飯尾左衞門大夫使長尾ト云者來、長谷發向事、古市方へ有申子細、播州令對面巨細演説了、先以長田兵庫數重問答云々、」

(7オ)

廿八日、癸□(巳)、

荒神呪千反・聖天呪千反・慈救呪千反唱之、

飯尾爲數巻向山は長谷寺に附し年貢三十貫を徴收すべしとの調停案を示す

一長谷寺事、自飯尾左衞門大夫方申云、山半分可出之事難治之由申切歟、然者於山ハ付山(長谷寺)門、年貢事卅計可被出歟、其故ハ西南院(重覺)籌策之時、廿五貫分可出之由申了、然而於今度

者既及大訴了、以其分落居不可然歟、以三十貫落居之樣可有計畧歟、次當毛ヲハ是非ニ可苅取云々、則召長谷使節、仰此趣了、急罷下可申一左右云々、（興福寺學侶・六方衆等、巻向山ノ事ニヨリ長谷寺ニ發向スルコト、大乘院日記目錄文安五年八月十九日・廿一日ノ條ニ見ユ、時ニ西南院重覺興福寺別當在任中ナリ、）

經覺龍守丸上洛に餞す

一龍守明日罷上京都、爲兩親對面可罷下丹波由申之間、北絹面一・用途百疋遣了、

龍守丸上洛

廿九日、甲午、

卯下刻龍守上京都了、覺朝同道了、人夫《横行》四□〔人カ〕召遣了、

上使より長谷寺事につき云ふ事あり

（7ウ）一重自上使方長谷事有申子細之間、木阿ヲ」下遣長谷了、今朝東勝院雖罷下、猶以□〔爲カ〕諷諫也、

一光舜五師來、榼・白壁等隨身之間、能〔興〕小盃□〔了カ〕、

光林院英暹酒肴を進む

一光林院英暹榼一双・素麵一盆・白壁給之、仰賞翫之由了、

九條不斷光院端坊越後虫火を進む

一九条《不斷光院》端坊越後虫火五十廷〔挺〕賜之、不思寄者也、下越後今日上洛云々、

卅日、乙未、

魔界廻向理趣分一巻讀之、

一有風呂、入了、

馬借一揆蜂起につき學侶より牒送あり

一就馬借事、自學侶有牒送、藤原・長井・横川・山村・鹿薗《野》・古市事、面々評定了、先柴

（8オ）屋邊ニ古市幷」方衆□置之、馬借令集會出勢〔者脱カ〕可追放之由、加下知了、

一木阿自長谷寺罷上了、

經覺長谷寺の幕府と興福寺への返答に參差あるを責む

一戌(戊)刻重遣飛脚於長谷寺、使節不罷上之条以外之由仰遣了、其故ハ、自飯尾肥前入道(爲種)方南都止住奉行兩三人(飯尾貞元・同爲數・松田貞長)方ヘ申遣云々、山事可應御下知由長谷寺申、目出之由申之間、當方ヘハ半分猶以不可叶之由申切之處、可去進山之由京都ヘハ申入之条、如何樣參差哉、不可説無極之子細爲可仰、如此仰遣了、」(幕府、飯尾貞元・同爲數・松田貞長ヲ南都ニ下向セシムルコト、康富記本年九月七日ノ條ニ見ユ、)

(8ウ)

十一月

朔日、丙申、

千德万福幸甚〳〵、

旬講問

一旬講問幷金剛經等如例、自讀千卷心經讀之、

中臣祓

一中臣祓爲之、

一餅祝着了、又播州(古市胤仙)一瓶・一鉢賜之、仰祝着之由了、

長谷寺使節に幕府の奉書を示す

一長谷寺使節兩人東勝院・尾崎坊來了、京都奉書之趣令突鼻處、於山事者曾以不存知云々、言語道斷次第之由申之、寺官方ヘ可尋遣旨仰含了、

二日、□□〔丁酉〕、」

（9オ）

小川弘光萩原荘所務を望むも經覺許容せず

小川□□□〔兵庫助カ〕〔弘房〕來、令對面了、就其萩原〔宇陀郡〕庄事、依小川弘光緩怠、被仰付秋山〔實家〕欤、如何様にも無爲様令料簡者可畏入候、於以前無沙汰無正躰者、一向可蒙御免云々、返答自去年再往申遣了、不叙用如此余方へ契約上者、自今ハ難及計略由仰了、色々猶雖有歎申旨、返答同篇也、

馬借一揆南都に寄す

一今日馬借寄南都了、

長谷寺事につき幕府上使に諮問す

一長谷寺事、上使兩三度有漕通、古市方〔胤仙〕計略事也、令問答長谷使節、上使返答等令讀〔談〕合了、」

（9ウ）

三日、戊戌〔戌〕、

長谷寺發向の指示

就長谷寺發向事、自寺門〔興福寺〕出指示、自上使方給□〔之カ〕、

長谷寺發向指示

執行坊公文坊等を破却

一可在破却坊舍等事、執行〔舜賢〕・公文其外可然衆徒分之坊五ヶ所、合七ヶ所、

白河郷等を燒拂ふ

一可被燒拂在所事、石築地之外在家幷白河鄉、

長谷寺々僧告文

一長谷寺々僧告文事、向後對御寺門、更不可存緩怠之旨可致沙汰事、

一彼寺可然之老僧兩三輩、令所持彼告文、發向之時、六方前可罷出事、

巻向山半分年貢毎年二十貫文運上

一論所山事、半分年貢毎年廿貫文宛無退轉可有運上之旨、請狀令沙汰、發向之時、与彼

經覺の調停により巻向山を長谷寺に附し年貢二十貫分貢納に治定するも興福寺請文呈出を固執す

九條滿家忌日

經覺古市胤仙父子等を饗す

告文同可令持參事、

已上

自□可給之由申之間、載一紙遣之、」

一可□□□□〔在破却坊舍カ〕事、執行坊・公文坊、

一可被燒拂在所事、石築地之外、在家幷白河里、

一寺僧告文事、

一論所山半分年貢每年廿貫文可沙汰申之由可申付事、

一上使有下向、可有御成敗事、

已上

（10オ）

四日、己亥、

長谷寺事、於山者付山門、年貢事每年廿貫文分可致沙汰之通仰定畢、寺門向者、始終之通、長谷寺□或七年欤、或十年欤通以中間表色、可廻無爲之計□□〔署之カ〕處、寺門可致請文旨堅執之間、此上者不及是非□」長谷使節以破通可罷下之由仰含了、

（10ウ）

一後三緣院〔九條滿家〕忌日也、如形懃行了、

一播州父子〔古市胤仙・春藤丸〕・一族少〻召之、能小〔與〕飯了、有魚貝□〔等カ〕、方衆共又能〔與〕精進飯了、

經覺如意賀丸の田樂頭屋出仕所望に異儀なき旨を弉弘に傳ふ

一遣木阿弉弘得業方、如意賀事頻田樂頭屋出仕(事)申請之間、仰談貞兼(松林院)僧正方之處、爲學問衆置彼坊之間、只今弉弘兒也、以其(又然者)通先被出仕、御用之時被召仕之条何可有子細哉、幣坊兒衆召上被召仕之条、先規連綿事歟之由申給之間、以助成篇、出立以下可沙汰遣旨仰遣了、

請文呈出を長谷寺使節拒否するにより經覺の調停破る旨古市胤仙をして幕府に注進せしむ

五日、庚□(子)、」(11オ)

長谷□□(寺事カ)、無請文者不可落居之由、自上使方申間、其分□□(雖令カ)下知、長谷寺使節不承引之間、無力籌策令破了、以外之珎事也、如此之間、折中之儀破之由、明日自播州方可注進京都云々、

經覺誕生日

六日、辛丑、

爲誕生日之間、妙覺(心)悉地祭文讀之、又小呪等唱之、

馬借一揆につき學侶牒送す

一就馬借事、自學侶有牒送、無如在之儀之趣遣返牒云々、

尋尊長谷寺觀音開帳御教書を經覺の許に致す

一自門跡(大乘院尋尊)長谷寺開帳御教書到來了、此条爲相宥長谷寺可被申沙汰之由仰遣之故也、然□(而カ)事既破上者、無其詮者歟、万(小)里少路先內□(府カ)時房公奉書□、只今到來云々、」(11ウ)

萬里小路時房奉書事落居せば大聖開帳の勅許あるべし

興福寺与長谷寺錯乱事、被加□(宥カ)御下知令落居者、大聖開帳必可有勅許之由、被仰下候也、恐惶謹言、

十一月四日　時房

（尋尊）
大乘院御房

强杉原

强杉原二枚書之、杉原ニテ礼紙、强杉原ニテ立文畢、礼紙在之上者、尤上所可書之者哉、

乳母忌日領内人夫を鞆田に遣し炭を取寄す

七日、壬寅、

爲乳母忌日之間、如形懃行了、

一領内人夫少々召出之、（山邊郡）鞆田へ遣之、爲取寄炭也、又遣□了、

（12オ）

一▨

八日、癸卯、

藥師呪千反唱之、

管領畠山持國内書を古市胤仙に下す

一亥刻重自管領（畠山持國）播州所へ有内書、仍上使方遣狀了云々、

長谷寺使節幕府上使使節と白毫寺に會す長谷寺使節事落居の後請文呈出を約す

九日、甲辰、

今日長谷法師兩人（東勝院・尾崎、）向白毫寺、自上使方長尾・小倉兩人罷出了、（遣上使）長谷寺狀案文、

彼山御請文事、落居以後可渡進處、曾不可有無沙汰之儀候、恐々謹言、

十一月九日　長谷寺使節兩人實濟判

（爲數）
飯尾左衛門大夫殿　宗快判

長谷寺使節請文案文に上使の裏判を請ふ

（12ウ）

上使方狀案、若此案文相違出來者、爲山門可爲難義欤之間、被居裏判可給之由申間、
兩人出狀了、

上使使節裏判の事を飯尾爲數に執進することを約す

落居以後請文案文裏判事、罷歸申左衞門大夫可執進候、若相違子細候者、御一行可返
進候、恐々敬白、

十一月九日　長尾 ━判

長谷寺　小倉藏人 貞胤判

御使節御中

自古市方相副長田兵庫(家則)遣了、

學侶より小塔院放火犯人彥太郎殺害犯人及び馬借人を搦取る者に懸賞金を出す旨牒送あり

（13オ）

一就馬借事自學侶有牒送、其故ハ、去十四日付日(火カ)小塔院墻躰召取出之者、卅貫可行之(〼出之)、又京
洛彥大郞□殺害之躰搦出者、十貫文可遣之、惣而馬借之人搦□□(出者カ)、一人別三百疋可出之
由相觸之旨、申送□□(當方カ)」中⎾

經覺長谷寺使節に請文呈出を命ず

一長谷寺使節之內一人尾崎罷下、請文早々可沙汰進之由仰遣了、則下向云々、

十日、乙巳、

勅願衆使節訓快泰承越前坪江鄕油免計增分所屬の沙汰を聞き先づ收納の下知を請ふ

巳刻勅願衆使節二人訓快律師(〼五)・泰承(承操)得業少衣、來、油免計增(越前坪江鄕)事、依政所所行去年收納過之
間、地下觸直事被押置候欤、所詮於計增事者、當月中可進支證候、若無之者可被落召候、

經覺當政所の下知に隨ひ收納すべき旨返答す

尾崎坊長谷寺請文呈出を報ず

筒井方京上の榼等を押取す

句講問

大乘院覺尊忌日

經覺榼以下を丹波の龍守丸に遣す

長谷寺の件落居の大集會あり學侶は下向せざる旨申す

先收納事被加御下知候者、講衆殊可畏入云々、仍令對面述心腑了、所存雖多端、別而及衆儀上者、早可隨當政所下知之由、可加下知旨返答了、則對馬法師（覺朝）書之、遣使節了、榼三荷・白壁二合・折一給之、不思寄者也、□（仍カ）能小盃了、五獻在之、令對合了、」

一長谷寺使節尾崎罷上了、請文事、今明日□（與）不宜候、明後日十二日、早々可沙汰進云々、神妙也、

（13ウ）

一昨日上榼等於京都之處、於般若寺邊筒□（井）內者共取之之間、今日載注文、筒井下人共四五人寄合取歸給之歟、又可弁沙汰歟之由、仰付吉田（通祐）加下知了、

十一日、丙午、

句講問以下如例、

一新宮（大乘院覺尊）忌日也、懃行如形爲之、

十二日、丁未、

（14オ）

榼一□（荷）・蜜甘（柑、下同ジ）等遣丹州龍守所了、松南□（院）」人□（夫カ）□召之、

十三日、弋（戊）申、

長谷寺事大畧落居了、今日爲其有大集會云々、自上使方申之、但學侶・六方可下向之處、學侶不可罷下之由申之間、問答寂中云々、於六方者廿人分可下向旨指定云々、此由召仰長

六方衆は二十人下向と定む

東北院俊圓榼以下を經覺に贈る

谷使節了、以次能（與）小盃了、素麵等也、

一俊円（東北院）僧正榼二荷・素麵一折・滿中一折給之、仰賞翫之由了、

一春宮來、

一自室生有音信、蜜甘一籠給之、仰悅之由了、

大乘院門跡新參侍繼玄來る

十四日、己酉、

舜專（良鎭）同道來了、

門跡新參侍繼玄若狹房、付衣、來、用途百疋持參云々、能（與）素麵・酒盃等對面了、糸卷大刀一振遣了、」（14ウ）

一梅賀來、自門跡有被申子細、述所存了、

風呂

一有風呂、方衆等張行之間、俄立之了、

興善院領小著莊の事につき清憲狀を室生寺長老圓空に傳ふ

一興善院領宇多郡小着庄事、以清憲（興善院）狀仰□室生長老（圓空）方了、

九條家より無量光院に寄進の淨土寺田を一旦押置も再び返附く

一京都無量光院へ自九条寄進淨土寺田事、此秋押置之處、有歎申旨砍返付之由被申間、其分得意了、而用途貳百疋爲礼節給之由、在豐（唐橋）卿申給了、不得其意事也、

學侶は長谷寺に發向せず六方衆のみ十九日發向と定む

飯尾爲數の使者長尾古市亂仙代官長田家則に未定の破却在所を問ふ

一長谷寺事、於學侶者不可下向之由治定之間、六方計可下向、就其明日十五日、出門、十八日釜口邊マテ令下向、十九日發向云々、此由自上使方申給古市畢、次今一ヶ所□□事、可承在所云々、上使使長尾罷出白毫寺邊之間、古市代官長田兵庫罷向了、仍申此子細云々、則召長谷使節、急」（15オ）□子細申之、可申左右旨下知了、仍使申云、此子細可給奉書旨申

之間、可書遣之由、仰付覺朝了、

一昨日山門御輿振云々、子細不一二者也、可尋記之、（延暦寺衆徒、日吉社神輿ヲ奉ジテ入京セントシ、幕府、綸旨ヲ請ヒテ、之ヲ諭止スルコト、康富記本年十一月十三日ノ條ニ見ユ、）

十五日、庚弋〔戌〕、

進代官於二人天川（吉野郡）了、春円・又次郎也、金正幷母儀同參之由申之、仍（此間）明教（實盛）申暇了、

一恆例念仏唱念之、

〔一〕
□長谷法師等先可罷下之由仰含了、發向事、寺門今日出門也、就其破却坊舍執行・公文坊二ヶ所、其外一宇古市可買弁由申、坊名事□〔可カ〕承之由寺門申之、在所事急令治定可注進□〔旨〕仰含了、」

(15ウ)

十六日、辛亥、霽、

今一宇坊事、自長谷寺注進之、折井坊云々、重仰云、在所事立歸可申旨仰遣了、

一未刻播州息春藤丸召愚部屋間〔又了〕、則着當色了、父子少膳用意之、其外來者共能之〔與〕畢、兩瓶・一合・鴈一持參了、

一酉刻自學侶・六方中、榼一双・白壁一合・素麵五束・一折一蜜甘、給之、春藤丸參候目出之由申之云々、則面々召請一會令賞翫了、

延暦寺衆徒日吉社神輿を振る

經覺代官を天川に進む

長谷寺發向衆今日出門
古市胤仙破却坊舍一宇を買辨す

長谷寺破却坊舍を折井坊と定む
古市胤仙子息春藤丸經覺に參候す

學侶六方衆物を贈りて春藤丸の參候を賀す

尋尊春藤丸に恩給す

一自門跡宛春藤少恩給之、自先年執達之事也、當參候之日、殊祝着之由播州申之、仍大刀
一腰□懃云々、」

馬借南都を攻む

（16オ）
一□□（馬カ）借爲責南都、自方々上之云々、珎事〳〵、

山門東塔訴訟のため神輿入洛せんとす

横川西塔も東塔の強要により同心す

若衆神輿を奉じて萬壽寺を襲ふ

犬神人死傷す

諸大名町々を警固するにより神輿を祇園社に引入る

一播州語云、去十三日寅刻、山門神輿入洛、東塔訴訟云々、殘横川・西塔□（不カ）同心之間、東塔
者共根本中堂ニ懸火、及三度之間、無力三塔令同心云々、聞此事指生馳上山上相宥之間（×處）、
若衆等盗出神輿奉振云々、万（萬）壽寺風呂以下燒之、而自滿壽寺僧共放矢之間、犬神人等五六
十人負手取死云々、仍上へ欲振上之處、諸大名町々を相支之間、無力引入祇園了云々、」

子講

（16ウ）
一有子講、
十七日、壬子、
有小盃、

長谷寺發向學侶六方衆三輪邊に下向す

一長谷發向學侶十人・六方廿人可下向三輪邊□（城上郡）、今日且下向云々、

飯尾爲數若黨兩人長谷寺に赴く

一飯尾左衞門大夫爲數若黨檀那寺・長尾兩人、今日下長谷寺云々、
十八日、癸丑、

長谷寺法樂

觀音經六卷讀之、法樂長谷寺了、幷小呪千反唱之、

大乘院孝尋月忌

一後已心寺（大乘院孝尋）御房月忌也、如形懃行了、

六方衆等長谷寺發向のため三輪寺に下向す
經覺木阿を長谷寺に遣す
經覺鶯部屋に入る事の吉凶を幸德井友幸に問ふ
大乘院信圓正忌
六方衆等長谷寺に發向して執行坊以下三坊を破却し白河里を燒拂ふ
長谷寺宿老告文を六方衆に呈す
長谷寺方は甲冑を帶して觀音堂に集會す
南都七大寺開門

一今日六方以下大都下向三輪寺云々、長谷發向明日治定之故也、
一自是木阿下遣了、自古市所長田兵庫・松岡弥三郎兩人下之、自初籌策之故也、
一午刻鶯入部屋了、相尋友幸(幸德井)之處、出行幷眷□(屬カ)云々、

(17オ)

十九日、甲寅、天霽、
井山本願(大乘院信圓)正忌也、壽量品以下讀之奉訪了、
一相待長谷寺左右之處、酉下刻注進在之、其趣者、方衆廿人腹卷・コテ・ス□□(ネア)テ、其上小衣・袴、巳下刻發向、於食堂群集吹貝、其後三黨幷公人等差遣之、執行已下坊三破却、次白河里二手ニ作押寄燒拂了、石築地之外可燒拂之由雖契約、小風以下吹事也、千万餘煙儀在之、不可然欤、此上者可閣之由、六方成敗云々、事儀神妙也、長谷寺宿老三人、賴憲中坊、・栢坊　三人(マヽ)持告文罷出六方集會所之處、以公人請取之後、方衆一人罷出令對面云々、方衆召具勢三百計在之云々、

(17ウ)

一於長谷寺者觀音堂集會、各帶冑(甲)冑云々、一□(手)世喜山ニ置之、一手奥院山置之云々、戌(戌)下刻木阿幷長田兵庫以下罷歸了、奉行兩使□(モカ)同上洛云々、(卷向山年貢ノ事ニヨリ、興福寺六方衆等長谷寺ニ發向スルコト、大乘院日記目錄・大乘院寺社雜事記本年十一月十九日ノ條ニ見ユ、)
一戌(戊)下刻興福寺開門、七大寺同前云々、(攝津兵庫關ノ事ニヨリ、南都七大寺閉門スルコト、大乘院日記目錄・大乘院寺社雜事記本年八月十七日ノ條ニ見ユ、)

中院領萩原莊を近年成身院光宣請負ふも年貢無沙汰により去年小川弘光と契約す弘光又年貢無沙汰のため今年秋山と契約す弘光之を恨みて秋山を攻む多武峰勢秋山に加擔するにより小川方敗北す

一今日於宇多郡在合戰、其故ハ萩原庄事中院領也、近來光宣（成身院）律師雖令請所、年貢更以不及沙汰、而去年小川（弘光）稱有由緒、押而令知行之刻、此方六方衆可契約之由歎申間、相傳之處、愚身口入上者不可有子細之由返答畢、而如此申なから小□（川カ）無契約之儀、年貢等一切不致沙汰之間、當年當所方衆契約秋山之處、小□（川）依此遺恨寄秋山了、散鄕等大略」（18オ）□（雖）被□、相待時分之處、多武峯勢自寄手後競來之時分、自城打出之間、寄手雖大勢、前後敵人ニ令迷□、小川一族鷲賀以下合八人被打了、先日自秋山方內〻以便宜躰、伺申子細在之、及合戰者可爲手鞆（柄カ）之由返答了、

廿日、乙卯、

長谷寺守喜會

今日於長谷在守喜會云〻、

幕府上使飯尾貞元同爲數松田貞長歸洛す

一奉行三人今朝上洛云〻、（上使奉行人飯尾貞元・同爲數・松田貞長、本日歸洛スルコト、康富記十一月二十一日ノ條ニ見ユ、）

廿一日、丙辰、

句講問

句講問以下如例、

九條經教遠忌

一故大閤（九條經教）遠忌也、懃行如形修之、

越前守護斯波千代德丸元服して義健と稱す

一今日越前守護（斯波）千代德丸元服云〻、名字義武□（健）（云〻カ）、」（18ウ）

奈良城の喧嘩

一今夕於奈良城有喧嘩、爲豐田豐原筒井若黨被切殺□（了カ）、仍豐原切腹云〻、

經覺越前坪江郷油免計增分の油免内に非ざる支證あらば去出す旨勅願衆使節に返答す

新供目代英圓經覺に酒肴を贈る

太子法樂

鑄物師風呂釜を塗る

清寛を研學と爲す

井上玄專風呂を燒く

幸德井友幸鶯の部屋に入るを凶事と占ふ

經覺八專中の祈禱の是非を問ふ

友幸陰陽道にては祈禱憚なき旨を答ふ

廿二日、丁巳、

就油免計增分事、勅願衆使節光舜五師・宗秀得業來、此計增分事、色々雖取申、非油免之内之由、分明支證在之ハ、其時可去出歟、不然者不可叶之由返答了、召愚前能小盃（與）了、榼三荷・折一合・白壁給之、仰不思寄之由畢、

一供目代英円禪勝坊、今日悦酒沙汰之トテ兩瓶・二折蜜甘・餅・白壁一合給之、仰祝着賞翫之由了、不思寄者也、

一如意輪呪千反唱□（之）、法樂太子了、

一今日風呂釜塗之、イモノ師塗之、則立風呂□□□（入カ）了、

廿三日、□（戊）午、

（19オ）

一□□□□□（供目代清寛）蒙研學仰、得請云々、（供目代清寛ヲ研學ト爲シ、法用僧英順ヲ供目代ト爲スコト、大乘院日記目錄本年十一月二十二日ノ條ニ見ユ、）

風呂在之、井上若狹房（玄專）燒之、

廿四日、己未、

鶯入屋事凶事之由、陰陽師（幸德井友幸）占申、仍祈禱可然之由申間、今日事八專中也、可爲如何樣哉之由仰合處、八專事眞言宗不可然之由申之歟、然而於當道者曾以不憚此、多以有先蹤之由申之間、芿山法師十八人召之、百座仁王講讀之、有小世俗等、用途百疋下行了、

足利義教忌日

一地藏懃行如例、又普廣院(足利義教)忌日也、懃行如形修之、奉訪了、

鶯又屋に入る

一未下刻鶯又入内了、可謂希有歟、」

廿五日、庚申、

文殊呪千反・心經廿五卷・融通念仏千二百反唱之、

(19ウ)

春日祭

一今日春日祭也、

若宮祭禮田樂頭弉弘田樂頭の裝束を取寄す

□(一)弉弘擬講田樂頭裝束召寄之見之、ヌンエト云白唐物也、藤ヲヌイ畢、下北絹青色也、笛吹赤地金襴下黄ナルヌイモノ也、地北絹也、

松林院貞兼田樂頭屋出仕の裝束につき經覺に諮問す

一貞兼僧正申云、明日田樂頭屋罷出候、白米衣可着用候、可爲如何樣哉云々、先官仁也、不可有相違之由仰遣了、

賀留莊年貢進納す

一輕(高市郡)庄年貢五百疋且沙汰之、

廿六日、辛酉、

大乘院孝圓及び經覺亡母正林忌日

故御房(大乘院孝圓)幷禪尼(正林)忌日也、備進靈供、讀誦法花提婆・壽量、了、

祭禮田樂頭裝束を給ふ
本座喜多院空俊新座弉弘

一今日祭礼裝束給也、□(本カ)座、權別當僧正空俊(喜多院)、新座裝(弉)弘擬講、小院(北カ)ハ田樂裝束上曇(緞)子下大文云々、笛吹金襴□(也カ)云々、裝(弉)弘所へ貞兼僧正罷向云々、」

(20オ)

安位寺文殊院年預等物を經覺に進めて大乘院門跡賦課用脚輕減を謝す

一□(自カ)安位寺文殊院年預、等來、榼一双・素麺一折等持來、門跡より被懸用脚事、以少事申宥

条爲悦云〻、仰神妙之由了、
一天川藤童來、桶二給之、用途五連遣了、
廿七日、壬戊〔戌〕、天快霽、

若宮祭禮

祭礼在之、出仕五師・三綱追可尋記之、
一於馬場喧嘩等在之、以外事也、

雷鳴電光大雨降る

一子丑刻雷鳴電光大雨以外物忩也、自東至西白雲・〔×出〕タナヒキ、其躰希有也、如何様物渡ケルカト云〻、
廿八日、癸亥、霽、
荒神呪・聖天聖〔呪〕・慈救呪各千反唱之、

北面良實の孫長松丸

一北面良實順長、孫長松丸九歳、來、榼・白壁等持□〔來ヵ〕、仍大刀一腰能〔與〕之了、

祭禮後日宴あり

（20ウ）
一今日祭礼有後日云〻、
廿九日、甲子、
魔界廻向理趣分讀之、

里風呂

一有里風呂、入了、

旬講問
中臣祓

自讀千巻心經

古市胤仙酒肴
を進む

九條家侍石井
在安尾張より
上洛

伊勢丹後兩國
守護一色教親
卒す

若宮祭禮田樂
頭莽弘物を經
覺に進む

十二月大

（21オ）

朔日、乙丑、霽、

千徳万福幸甚〳〵、

一旬講問二座幷金剛經一巻讀之、中臣祓爲之、

一自讀千巻心經讀之、又普賢延命呪千反幷不動合行呪千反唱之、

一餅祝着了、

一播州（古市胤仙）一瓶・兩種賜之、仰祝着之由了、

二日、丙寅、霽、

河内守（石井）在安去廿六日自尾州上洛之由、在豊卿（唐橋）申給之、

一一色左京大夫（教親）去晦日曉頓滅云々、二ヶ國（伊勢・丹後）守護也、不便〳〵、

（21ウ）

三日、丁卯、雪薄積、自夜下欤、

遣人於室生寺（宇陀郡）了、自天祐菴依有申子細也、

一莽弘擬講榼二双・白壁二合・折二（蜜甘（柑）・素麵）、持參了、令對面、仰田樂頭之悅了、

長谷寺使節料足以下を經覺に贈りて事件落著を謝す

一長谷寺使節三人東勝院・執行舜賢・尾崎來、今度悦欤、料足千疋・榼三荷・折一合給之、召愚前仰祝着之由了、又古市所榼五荷・鴈二・鴨二對遣之云々、又方學侶中へ千疋遣之、然而返遣云々、淸憲(興善院)今度色々煩沙汰之間、榼三荷・素麪等出之云々、

石井在安美濃紙等を經覺に進む

一河内守在安下向、□皮一枚・美乃紙一結持來了、

四日、弋(戊)辰、

在風呂、

一入夜有素麪等、

木阿を甲斐常治の許に遣し越前河口荘細呂宜鄕以下の事を申入る

一木阿上京都、甲斐(常治)方礼仰之、以次細呂宜鄕(越前坂井郡)以下事仰遣了、

覺朝上洛

一對馬(覺朝)同上洛了、

五日、己巳、

室生寺長老圓空上人

室生長老円空上人來、用途一結持來了、今夜[illegible]燒火以下沙汰之、終夜雜讀(談)了、

(22オ)

一有粥、

南都の馬借興盛するにより古市胤仙等に命じて之を討たしむ

一南都馬借令僧(增)倍、門跡(大乘院尋尊)領內以下多以燒之間、今夜令夜待可打取之由仰付了、吉田伊豆(通祐)・見塔(祐賢)院・庄屋弥五郎以下若黨・矢負等少々古市(胤仙)出之、至三更歸了、今夜可寄南都云々、

賀留荘年貢皆濟

一輕(高市郡)年貢五百疋殘分沙汰之、

圓空上洛

石井在安上洛

鵲禪松成就院に於て出家し玄深と稱す

小川弘房萩原莊につき書狀を呈す

菩提山重俊中莊事に經覺の下知を請ふ

古市止住六方衆市座錢の事により矢負を奈良に遣し市屋形を燒く

法隆寺勝鬘會始行

講師印經

別當東北院俊圓下向す

繪書の直垂

（22ウ）

六日、庚午、

室生長老自是上洛間（〆了）、時（齋）等對合了、

一在安同上洛了、

一鵲禪松夜前於成就院禪公（尋尊）住所、出家トテ來、付衣（布）五帖、名字玄深、大輔房、予相計了、夜前出家樣相語之（〆了）、戒師堂家、法服・甲ケサ、役人慶有、等身衣・指貫、焇（脂）燭役修學者兩人英盛舜円房、・任英鏡賢房、云々、奉行隆舜、禪公出座云々、

（23オ）

一就萩原（宇陀郡）庄事、小川兵庫助（弘房）有書狀、遣返報了、

一荓山（報恩院）重俊法印、就院領中庄事有申子細、□（只カ）今時分愚身下知之条憚多之由、再三雖」固辭、以使色々歎申之間、明日可遣人旨仰返事了、中庄予沙汰事也、

七日、辛未、霽、

一就市座錢事、自方衆矢負共上奈良、市屋形三十間計燒之云々、

法隆寺勝万（鬘）會自今日在之云々、講師印經僧都凡人、仍別當東北院俊円僧正下向、其身付衣五帖、張輿、力者直垂、共（供）者修學者三人、小衣・練大口、乘馬、等身衣・指貫侍法師兩人、同兒一人、フクサノミヤヱ（ウ脱カ）欤云々、中童子二人、繪書ノ直垂各乘馬云々、會行事威儀師隆舜、注記寛貞、從儀師事追可付才學、

一在風呂、

實盛下人唐三郎の事により吐田善玄と相論あり

(23ウ)
一就名良(奈)唐三郎事、吐田善玄与明教(實盛)相論事在□(之カ)、」此事播州種〻有申子細、仍仰明教了、如法之不便由申之者也、

八日、壬申、雨、

藥師呪千反唱之、

櫟本辻子教禪の負物につき重俊に非分を申懸く

一𦬇山法師教禪負物事ニ、櫟本辻子就重俊法印申懸非分難義之間、有自然事者可致防禦由仰遣𦬇山惣山畢、

深川と勝原合戰に及ぶ

一深川与勝原有弓矢、播州勢共爲勝原方出遣了、

連歌

一在連哥、發句予、有小飯等、夜紅糟在之、

□(降カ)雨ハつもれる冬(×雪)の雪消哉

三藏繪

一三藏繪自松林院召寄了、依預遣也、

九日、癸酉、霽、自日中

𦬇山良見榼一双・柿・白壁等給之、

法隆寺勝鬘會結願

一勝万(鬘)會巳刻結願、其後有猿樂云〻、」

(24オ)
十日、甲弌(戌)、

實盛下人唐三郎の事につき問答を加ふ

實盛明教、下人唐□(三)郎事、古市播州色〻取申間、重〻加問答了、

東北院俊圓歸寺の際講衆蜂起に逢ひ狼藉をうく

旬講問

勅願衆使節丼弘勅願三十講供料下行許可を經覺に請ふ

經覺供衆の處置の意に背くことを憤りて許可せざる旨返答す

(24ウ)

一俊円僧正自三条口歸寺、而講衆蜂起ニ行合、散ゝ及□□□(惡口雜カ)言、被(×之間)飛礫打之間、失面目云ゝ、
無故實之至也、
十一日、乙亥、
旬講問・金剛經以下如例、
一新宮(大乘院覺尊)忌日也、懃行如形修之、
十二日、丙子、
勅願衆使節丼弘擬講來申云、於御講者、自去二日至六日被始行之處、供粁事被押置之条、歎存候、所詮以別儀可蒙許可之由申之間、仰云、依(承操)政所無沙汰不法、地下事被抑置之畢、隨而供粁・衣服以下未進事究進上者、」如元被返付之由承之間、自門跡欲觸直之處、付油免計增分事、自是申所存之間、觸直事蹔抑置之處、爲供衆內ゝ地下へ被下書狀、被相觸之間、政所不待檢校所之下知致收納畢、而去月十日觸直事、別而不及收納違乱之樣可加下知之由誘承之間、急(×遣)衆議遣奉書處、既及收納上者、無益之由、定使法師令注進了、爲寺門(興福寺)遣書狀直被下知上者、何愚身許可を被申請哉、併可被失面目之造意歟、甚口惜者也、此上者、供衆沙汰背本意間、許可事不可□(叶)之由仰切了、
榼二荷・折丼(白壁)二合持來了、數反雖返遣、如何樣可被召置之由申之間、無力召置了、」

室生寺長老圓空仙洞に參りて後崇光院に十善戒を授け奉る

伏見宮貞常親王にも四海領掌印明を授く

（25オ）

一亥刻室生長老下向とて來了、今度上洛者仙洞爲申御礼也、今朝令院參了、而可有御受戒由蒙仰之間、奉授十善戒了、法皇（後崇光院）御付衣・香綾御ケサ云々、式部卿（貞常親王）親王又可有御授戒之由蒙仰間、四海領掌印明奉授云々、旁以外之眉目也、祝着爲悅之由物語之、尤〳〵也、仍爲御礼仙洞へ千疋、親王へ五百疋進折紙云々、自法皇又号御布施、香箱一・銀盆一枚被下之、自親王絎絹一疋・杉原十帖有施之云々、名利相兼之由、被物語了、

龍守丸覺朝等下向す

一龍守・覺朝等下向了、

長谷寺古市止住六方衆に酒肴を贈る

一自長谷寺（當所）六方中ヱ榼十二荷・滿中・蜜甘（柑）等出□、東勝院爲使節來云々、」

（25ウ）

十三日、丁丑、

室生円空上人時（齋）等對合了、則歸寺、

弉弘重ねて勅願衆の意向を經覺に傳ふ

經覺勅願衆の地下下知の先規に背く旨の書狀を進むる後供料下行を許可すべき由返答す

一弉弘擬講重來、勅願衆猶色々歎申旨申之間、雖事多、衆議及再三上者、供料事可下行之由、可加下知者也、就其自勅願衆直地下へ觸直事ハ更不可有先規上者、不可成向後之傍例之由、可進書狀、其後可下行供料等之由、可加下知旨仰含了、

小川弘房重ねて書狀を呈す

一就萩原庄事、小川兵庫以書狀在申旨、遣返答了、當時六方衆散在也、來會時可仰試之由令仰遣了、

十四日、弋（戊）寅、在風呂、

勅願衆書状を呈するにより布施物等下行を納所に下知すべき旨尋尊に傳ふ

足利義成劒を古市胤仙に與へて長谷寺紛争斡旋の勞を賞す

松林院貞兼法隆寺勝鬘會の際の東北院俊圓侍童の淨衣を批難す

鄕湯

見塔院祐賢兄弟松林院貞兼の侍出雲法師の宿所を燒討つ

長谷寺開帳の綸旨遲引を申す

吉阿上京都了、
一勅願衆状、昨日如愚身意見進之トテ、自門跡給之□（間）、爲後證也、能〻可被□（召カ）置歟、於御布施等者、早」（26オ）可下行之由、納所（懷尊）へ可有御下知歟之旨仰遣了、
一今度長谷寺事、古市播州粉骨神妙之由、自室町殿（足利義成）被感仰、結句御釼一腰、吉則、相副管領（畠山持國）今度状幷奉行左衞門大夫爲數（飯尾）状等、彼大夫若薫一人下畢、以外之眉目也、
一俊圓僧正童淨衣事、フクサニテコソ可侍之處、ノリヲカウテ衣文ヲ立云〻、事躰イマカマシキヨシ貞兼（松林院）僧正申賜了、
十五日、己卯、
恆例念仏唱念了、
一有鄕湯、入了、
一善性（成舜）・舜專（良鎭）來、
一見塔院兄弟（祐昌）押寄松林院出雲法師所、燒門戸、散〻沙汰之云〻、夜前丑刻事歟、甲四五十在之云〻、（26ウ）自」松林院罷出一二町送之、然而無殊事云〻、堯觀聲明師、負手云〻、
十六日、庚辰、
付開帳事、綸旨遲引無心元之由、兩度自長谷寺有書状、勅許無子細上者、可致開帳

經覺開帳の用意を命ず

之用意旨、仰遣返答了、

松林院貞兼見塔院兄弟の所業につき經覺及び古市胤仙の關與せるや否やを問ふ
經覺關知せざる旨を答ふ

一自貞兼僧正方有書狀、見塔院沙汰事、古市幷予定存知欤之様ニ申賜了、返答云〻、此事自日初無心元之間、可被廻無爲之計略欤之由、再往申了、如案如此候、無勿躰候、古市事モ定不可存知欤、愚身曾以不存知之由返答了、」

(27オ)

十七日、辛巳、

長谷寺開帳の綸旨到來

辰下刻　綸旨到來之由、自門跡賜之間、則遣長谷寺使了、宿紙也、

長谷寺可開帳之由、可令下知給者、

天氣如此、悉之、謹狀、

寶德三年十二月十一日左中弁親長(甘露寺)

(大乘院寺社雜事記本年十二月十八日條ニ同文ノ綸旨ヲ載セ、差出書ヲ「左中弁雅行」トセリ、而シテ、職事補任・諸家傳ニヨルニ、當時庭田雅行ハ右中將ニシテ、藏人頭補任ハ享德二年三月二十四日ナリ、)

謹上　大乘院得業御房(尋尊)　政所

綸旨の書式不審なり

近來大畧付執事等、只今　綸旨有先規如此書之、尤不審也、

三藏繪を松林院貞兼に預く

一三藏繪一合十二巻、貞兼僧正所ヘ預遣了、

(27ウ)

菩提院井坊資財につき光舜と問答を加ふ

一井坊資財事、光舜五師在來申旨、重〻問答了、」大都伏理之由、光英相語者也、

十八日、壬午、霽、

光藝勅願三十講論匠に加へらるゝを祝ひ

寺家卅講論匠召之云〻、光藝陽源、十二﨟、爲其隨一召加之□畏祝着トテ樝一荷・素麵一盆・白壁

酒肴を經覺に進む

一合・山芋一束・菓子一盆賜之、仰祝着由畢、此者事雖非門弟、今度衣裝少〔小〕袖衣沙汰遣了、

長谷寺法樂

一十一面小呪等唱之、觀音經六卷讀之、法樂長谷寺了、

大乘院孝尋月忌

一後已心寺（大乘院孝尋）御房月忌也、懃行如形修之、

陰陽師幸德井友幸新曆及び八卦を進む

一陰陽師修理大夫友幸（幸德井）新曆幷八卦給之、仰神妙之由了、曆代貳連遣了、

（28オ）

十九日、癸未、

九條加々丸の子東南院珎覺の附弟となる

節分以後入室

教法院幷少納言（唐橋）在治來、九条若公爲東南院珎覺僧都附弟、一昨日十七日、下向、爲其共〔供〕兩人罷下云々、若公者山上房官所ニ先被置云々、當年者入室不可然、節分以後可有入室云々、兩人聽被歸了、

廿日、甲申、

光林院英暹菩提院井坊の棚を經覺に贈る

井坊棚一脚自光林院英暹方給之、

一教法院被來、

（28ウ）

廿一日、乙酉、

句講問

句講問二座・金剛經一卷如例、

九條經教遠忌

一故大閤（九條經教）遠忌也、懃行如形修之、

太子法樂

經覺松林院と見塔院の紛争につき調停するも成らず

菩提院井坊につき懷尊と光舜相論す

經覺松林院紛争の問答使を吉田通祐見塔院祐賢の許に遣す

足利義教忌日

菩提山重俊用途等を進めて院領無爲の禮謝す

懷尊と光舜の紛争落居し互

一教法院被歸(×被來)了、風呂在之、播州燒之、

廿二日、丙戌(戌)、

如意輪呪千反唱之、法樂太子了、

一英深來、榼一双・白壁持參了、又就松林院与見塔院公事弉弘得業來、召伊豆・見塔院問答了、猶以高大ニ申之間、不事行者也、

一𦬇院井坊事、懷尊律師与光舜五師有相論旨、兩人有申子細之間、召兩人令談合了、」

(29オ)

廿三日、丁亥、

今日モ有申子細之間、猶松林院事尋沙汰了、彼兩人問答使、今日ハ英深・胤仙播磨房、也、昨日者英深・光英也、

一今日懷尊律師來、榼等持來了、

廿四日、戊子、

地藏懃行如例、又普廣院(足利義教)忌日也、如形奉訪畢、

一松林院事、今日モ召吉田以下問答了、英深計也、

一𦬇山重俊法印來、榼一荷・用途三百疋持參、」院領事加下知之、屬無爲故也、

(29ウ)

一懷尊律師与光舜五師、井坊(𦬇院)事条〻□欝論之間、此間色〻籌策、今日令落居、兩□(方カ)取違契

に契狀を取りかはす

古市胤仙をして松林院貞兼の使者堯學と問答せしむ

天滿法樂

堯學古市胤仙と問答す

松林院と見塔院の相論につき幕府奉行人飯尾爲數奉書到來す

大乘院孝圓及び經覺亡母正林忌日

經覺兩院公事の斡旋をなす

成就院清祐餅を進む

櫟本辻子菩提山報恩院領を押領するも經覺の下知に隨ひ去出す

狀了、則召合愚前和合了、奉行光英、神妙〱、

一貞兼僧正使稱勞、堯學來之、子細以古市令問答了、

一有風呂、

廿五日、己丑、

天滿法樂心經二十五卷讀之、又融通念仏千二百反唱之、又文殊呪千反唱之、

一上木阿於京都了、

一堯學又來、初以播州問答、後予召愚前仰心中了、

(30オ)

一付松林院与見塔院公事、自京都飯尾左衛門大夫奉書到來、付播州見塔院可召進之由事也、

廿六日、庚寅、

故御房(大乘院孝圓)弁禪尼(正林)忌日也、懃行乍忩劇如形修之、

一松(松林院)・見(見塔院)問事、以英深重〻問答盡手了、仍聊減被申之間、又可召給使者之由、仰遣貞兼僧正方了、

一清祐(成就院)法眼餅一折進之、祝着了、

(30ウ)

一報恩院領事、辻子任雅意押院領等之条、沙汰次第不可然之間、依加嚴密之下知、先度院□(領カ)事去出了、而教禪寺公事可成敗之由申之間、得其意之處、申狀事外不弁理非之間、不

山村胤慶綺をなす

松林院使堯學に調停の様を告ぐ

尋尊の居所を已心寺と定むも六方衆異議を申すにより成就院に變更す

春日社々頭因明講

懷實因明講問の卷數を進む

及成敗處、山村武州〔胤慶〕猶綺之由申給了、難得其意者也、

一酉下刻松使堯學法師來之間、召愚前仰彼子細共了、」

廿七日、辛卯、

禪公在所事、可爲已心寺之由治定之處、自六方依不可然之由申、淸祐法眼所沙汰之處、

可有居住之由、一昨日治定云々、

(31オ)

一松題目種々計略也、然而難事行歟、

一今日於社頭因明講問可修之由仰付了、講師懷實得業、問者長深、題法差別也、

廿八日、壬辰、

昨日講問涯分沙汰之由、懷實得業卷數給之、本□〔望カ〕由返答了、筒一・肴兩種給之、仰賞翫」

□□〔之由カ〕畢、

一荒神呪・聖天呪・不動呪各千反唱之、」

○以下一丁白紙、

史料纂集 ㉘

経覚私要鈔 第二

校訂 高橋隆三
小泉宜右

昭和四十八年一月三十日 第一刷発行
昭和六十一年十二月二十五日 第二刷発行

発行者 東京都豊島区北大塚一丁目一四番六号
太田善麿

製版所 続群書類従完成会製版部

印刷所 東京都豊島区南大塚二丁目三五番七号
株式会社 平文社

発行所 東京都豊島区北大塚一丁目一四番六号
株式会社 続群書類従完成会
電話=東京(915)五六二一 振替=東京二—六二六〇七

史料纂集既刊書目一覧表

古記録編

配本回数	書名	巻数
①	山科家礼記	1
②	師守記	1
③	公衡公記	1
④	山科家礼記	2
⑤	師守記	2
⑥	隆光僧正日記	1
⑦	公衡公記	2
⑧	言国卿記	1
⑨	師守記	3
⑩	教言卿記	1
⑪	隆光僧正日記	2
⑫	舜旧記	1
⑬	隆光僧正日記	3
⑭	山科家礼記	3
⑮	師守記	4
⑯	葉黄記	1
⑰	経覚私要鈔	1
⑱	明月記	1
⑲	兼見卿記	1
⑳	教言卿記	2
㉑	師守記	5
㉒	山科家礼記	4
㉓	北野社家日記	1
㉔	北野社家日記	2
㉕	師守記	6
㉖	十輪院内府記	全
㉗	北野社家日記	3
㉘	経覚私要鈔	2
㉙	兼宣公記	1
㉚	元長卿記	全
㉛	北野社家日記	4
㉜	舜旧記	2
㉝	北野社家日記	5
㉞	園太暦	5
㉟	山科家礼記	5
㊱	北野社家日記	6
㊲	師守記	7
㊳	教言卿記	3
㊴	吏部王記	全
㊵	師守記	8
㊶	公衡公記	3
㊷	経覚私要鈔	3
㊸	言国卿記	2
㊹	師守記	9
㊺	三藐院記	全
㊻	言国卿記	3
㊼	兼見卿記	2
㊽	義演准后日記	1
㊾	師守記	10
㊿	本源自性院記	全
51	舜旧記	3
52	台記	1
53	言国卿記	4
54	経覚私要鈔	4
55	言国卿記	5
56	言国卿記	6
57	権記	1
58	公衡公記	4
59	舜旧記	4
60	慶長日件録	1
61	三箇院家抄	1
62	花園天皇宸記	1
63	師守記	11
64	舜旧記	5
65	義演准后日記	2
66	花園天皇宸記	2
67	三箇院家抄	2
68	妙法院日次記	1
69	言国卿記	7
70	師郷記	1
71	義演准后日記	3
72	経覚私要鈔	5
73	師郷記	2
74	妙法院日次記	2
75	園太暦	6
76	園太暦	7
77	師郷記	3
78	妙法院日次記	3
79	田村藍水西湖公用日記	全
80	花園天皇宸記	3

古文書編

配本回数	書名	巻数
①	熊野那智大社文書	1
②	言継卿記紙背文書	1
③	熊野那智大社文書	2
④	西福寺文書	全
⑤	熊野那智大社文書	3
⑥	青方文書	1
⑦	五条家文書	全
⑧	熊野那智大社文書	4
⑨	青方文書	2
⑩	熊野那智大社文書	5
⑪	気多神社文書	1
⑫	朽木文書	1
⑬	相馬文書	全
⑭	気多神社文書	2
⑮	朽木文書	2
⑯	大樹寺文書	全
⑰	飯野八幡宮文書	全
⑱	気多神社文書	3
⑲	光明寺文書	1
⑳	入江文書	全

経覚私要鈔 第2　　史料纂集 古記録編〔第28回配本〕
〔オンデマンド版〕

2014年1月30日　初版第一刷発行　　定価（本体9,000円＋税）

校訂　高橋隆三
小泉宜右

発行所　株式会社　八木書店　古書出版部
代表　八木乾二
〒101-0052 東京都千代田区神田小川町3-8
電話 03-3291-2969（編集） -6300（FAX）

発売元　株式会社　八木書店
〒101-0052 東京都千代田区神田小川町3-8
電話 03-3291-2961（営業） -6300（FAX）
http://www.books-yagi.co.jp/pub/
E-mail pub@books-yagi.co.jp

印刷・製本　（株）デジタルパブリッシングサービス

ISBN978-4-8406-3266-9　　AI316